SANJIS LECKERE PIRATENREZEPTE

CARLSEN MANGA!

Sanjis Rezepte

PROFIL

Meisterkoch der Meere, der für das leibliche Wohl der Strohhutbande zuständig ist. Besitzt die einzigartige Fähigkeit, alle nur denkbaren Zutaten sorgfältig zu erforschen und zuzubereiten. Auch die von seinem Lehrmeister Rotfuß-Jeff übernommenen Fußtechniken sind umwerfend. Bei Frauen dagegen ist er ein Gentleman (Weichei).

Hast du meine Kochkunst schon einmal probiert? Ich arbeite seit vielen Jahren als Koch und stelle mein Können auf dem Meer ständig unter Beweis. Auf unseren Abenteuern haben meine Gefährten und ich schon viele Zutaten kennengelernt. Und nun gedenke ich, dich in die Geheimnisse meiner Zubereitungsweisen einzuweihen. Es wird auch ein paar Rezepte für Gerichte geben, deren Zutaten in deiner Welt nicht existieren, doch störe dich nicht weiter daran und ersetze sie durch ähnliche Ingredienzen. Die Hauptsache ist die perfekte Würzung, und dafür garantiere ich!
Meine Gerichte sind so entworfen, dass man sie wie beim Kochen auf dem Schiff schnell und ohne große Umstände zubereiten kann.
Zum Schluss noch eins: Kochen ist Liebe. Mein Motto: „Selbst beim Gemüseschälen darf Liebe nicht fehlen… sonst wird jedes noch so großartige Gericht ungenießbar."
Gib dein Bestes!

Bevor du anfängst zu kochen

- Jedes Rezept ist für eine Menge vorgesehen, die leicht zuzubereiten ist.
- Die Herstellung einer Meisterkoch-Grundbrühe ist auf den Seiten 94 und 95 beschrieben.
  Du kannst aber auch eine handelsübliche, in heißem oder kalten Wasser lösliche Brühe verwenden.
- 1 EL = 15 ml, 1 TL = 5 ml

Inhalt

SOFORT SATT!

Wer essen möchte, der bekommt Essen von mir!!

Chahan für Gin

SCHNELLE GERICHTE

Mit hungrigem Magen geht gar nichts! Wie wäre es in so einem Fall mit einer Power-Mahlzeit, die dich augenblicklich zu Kräften kommen lässt? Reis, Brot und Pasta füllen den Magen und geben einen richtigen Kräfteschub! Sie retten dich aus allen möglichen Krisensituationen! Hast du dich satt gegessen? Jetzt fühlst du dich besser, oder? Okay, weiter geht's!

Die furchtbar grauenhafte (köstliche) Personalsuppe

CHAHAN FÜR GIN

Sanjis Rezept

Für diesen Bratreis mit Corned Beef brauchst du nur eine Bratpfanne!

Zutaten für zwei Personen

360 g Reis
2 Eier
½ Dose (50 g) Corned Beef
¼ (50 g) Zwiebel
4 braune Champignons
1 EL Salatöl
½ TL Salz
Etwas schwarzer Pfeffer
1 EL Sojasauce
Frühlingszwiebel nach Belieben

Zubereitung

① Zwiebel hacken, Champignons säubern und in dünne Scheiben schneiden, Frühlingszwiebel in feine Ringe schneiden.
② Salatöl in die Pfanne geben, die Hälfte der Zwiebel und die Champignons darin anbraten, Corned Beef hinzugeben und ebenfalls braten.
③ Zutaten aus ② an den Rand der Pfanne schieben, den frei gewordenen Pfannenboden mit Salatöl (zusätzlich zu der bei den Zutaten angegebenen Menge) fetten und das gequirlte Ei hineingießen (A). Bevor das Ei stockt, den Reis darübergeben und schnell anbraten. Alle Zutaten miteinander vermischen, Salz und Pfeffer darüberstreuen und die übrige Zwiebel hinzufügen. Von der Pfannenseite her Sojasauce hinzugeben (B), verrühren. Auf Tellern anrichten und mit Frühlingszwiebel bestreuen.

A

B

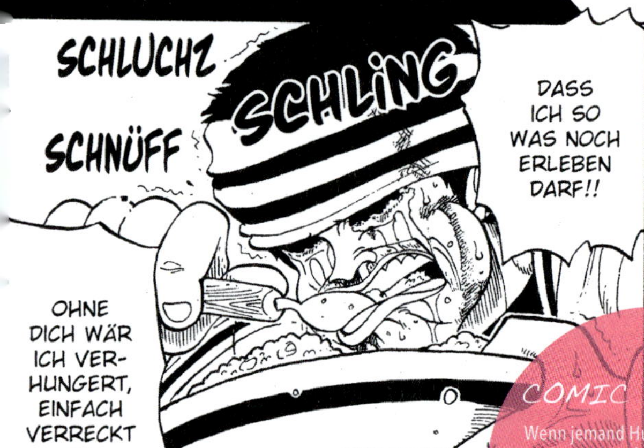

COMIC EPISODE

Wenn jemand Hunger hat, bekommt er zu essen, egal wer es ist. Das ist der Job eines Kochs. Sanji servierte Gin eine heiße Chahan, die er im Handumdrehen gebraten hatte. Sanjis Größe lässt den „Teuflischen" in Tränen ausbrechen. (Band 5, Kapitel 44)

DIE FURCHTBAR GRAUENHAFTE (KÖSTLICHE) PERSONALSUPPE

Westliche Suppe aus Fischresten und Konbu-Brühe

Sanjis Rezept

Zutaten für drei Personen

Fischreste von einem Fisch (etwa 300 g)
1 Stück Konbu (10 cm²), 2 Rüben
6 Stangen Spargel, ½ Zitrone
1200 ml Wasser, 2 TL Salz
1 TL Sojasauce

COMIC EPISODE

Diese Personalsuppe servierte Sanji nach dem Kampf gegen Creek. Die Angestellten des Baratié taten zwar alle so, als wäre sie ungenießbar, doch in Wirklichkeit ist sie natürlich eine Delikatesse. Die Zubereitung dieser Suppe war Sanjis letzter Job auf dem Baratié und wurde zum Anlass für seinen Aufbruch. (Band 8, Kapitel 67)

Zubereitung

① Konbu mindestens eine halbe Stunde in Wasser einweichen lassen. Größere Fischreste klein schneiden und in kochendes Wasser geben. Wenn die Fischteile sich weiß färben, in kaltes Wasser legen und Blut und Verschmutzungen abwaschen (C).
② Rüben in Stifte und Rübenblätter in mundgerechte Stücke schneiden. Die harte Schale vom unteren Drittel der Spargelstangen abschälen und die Stangen in 5 cm lange Stücke schneiden. Die Zitrone in Scheiben schneiden.
③ Wasser aus ① und Fischreste in einen Topf geben und zum Kochen bringen, den Schaum abschöpfen und auf geringe Hitze stellen. Die Rübenstifte hinzufügen (D) und kochen, dabei immer wieder abschäumen.
④ Nach zehn Minuten den Spargel dazugeben und weitere fünf Minuten kochen. Salzen und zum Schluss die Sojasauce hinzufügen. In Suppenschalen verteilen und mit Zitronenscheiben und Rübenblättern garnieren.

Der entscheidende Punkt ist die Brühe aus Konbu!!

C

D

PIRATEN-LUNCHBOX FÜR DIE WÜSTENDURCHQUERUNG

Sanjis Rezept

Hühnchen im Teigmantel gebraten, aber nicht frittiert

Zutaten für vier Personen

2 Scheiben Hühnerschenkelfleisch (ca. 500 g)
a ⎡ 1 Knoblauchzehe, 1 EL Sake,
  ⎣ 1 TL Salz, etwas schwarzer Pfeffer
Etwa 4 EL proteinarmes Mehl, Salatöl nach Belieben
Wiener Würstchen und gekochte Eier nach Belieben

Zubereitung

① Hühnerschenkelfleisch von Fett und Sehnen befreien und in mundgerechte Stücke schneiden. Knoblauch reiben. Fleisch in eine Schüssel geben, [a] hinzufügen und einkneten, danach 20–30 Minuten ruhen lassen. ② Fleisch aus ① mit dem proteinarmen Mehl bestäuben und in bei mittlerer Hitze erhitztem Öl von beiden Seiten insgesamt etwa vier bis fünf Minuten braten.

Spaghetti mit Lachsrogen und Tomaten

Zutaten für zwei Personen

180 g Spaghetti, 2000 ml Wasser, 1 Stück Konbu (10 cm^2), 10 g Salz
< Sauce >
60 g (etwa ein Stück) Lachsrogen, 3–4 EL geriebene Tomate, 10 g Butter, klein geschnittener Nori nach Belieben

Zubereitung

① Wasser, Konbu und Salz in einen Topf geben und erhitzen. Lachsrogen aus der dünnen Haut herausholen (A), Tomate reiben. Rogen, Tomate und Butter in eine Schüssel geben und stehen lassen.
② Spaghetti gemäß der Anweisung auf der Verpackung kochen, abgießen, in die Schüssel aus ① geben und vermischen (B). Wenn der Geschmack zu schwach ist, etwas Sud hinzufügen. Auf Tellern anrichten und mit Nori bestreuen.

COMIC EPISODE

In Alabasta brechen die Freunde auf zur Oase „Yuba". Doch Ruffys Magen beginnt sofort zu knurren und er bestellt eine Piraten-Lunchbox bei Sanji. Ziel einer Piraten-Lunchbox ist die Versorgung mit Energie, und Ruffy ist vollauf zufrieden. Eine kraftspendende Mahlzeit, die deine Power explodieren lässt!! (Band 18, Kapitel 162)

A

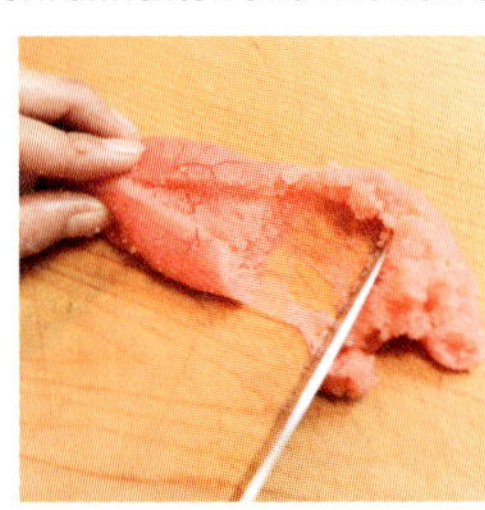

B

Hühnchen im Teigmantel gebraten, aber nicht frittiert

Spaghetti mit Lachsrogen und Tomaten

SCHATZVERTEILUNGS-SANDWICH

Sanjis Rezept

COMIC EPISODE

Nachdem die Strohhüte von der Himmelsinsel ins Blaumeer zurückgekehrt waren, hielten sie eine Besprechung ab, um ihr nächstes Ziel festzulegen. Als Imbiss zur Besprechung gab es Sanjis Spezialsandwiches. Wenn man ordentlich spachtelt, kann man auch ordentlich diskutieren. Lysop hat gleich eine gute Idee!!
(Band 32, Kapitel 303)

Prall gefüllt mit Zutaten aus dem Meer!
Drei Sorten Sandwich

Zutaten

Für drei Sets „Ei und Krabben"
6 Scheiben Toastbrot, 3 Eier
60 g gekochte, geschälte Krabben (oder Krebsfleischimitat)
1 kl. Zwiebel, 2 EL Mayonnaise
Butter nach Belieben

Für drei Sets „Thunfisch nach westlicher Art"
6 Scheiben Toast
120 g Thunfischhack, etwas Salz
Etwas Knoblauchpulver (oder geriebener Knoblauch), etwas weißer Pfeffer
1 TL Olivenöl
2–3 Basilikumblätter, Butter nach Belieben
Mayonnaise nach Belieben

Für zwei Sets „Kartoffel mit Thunfisch"
4 Scheiben Toastbrot
1 Dose (80 g) Thunfisch
1 Kartoffel (150 g), 10 g Butter
Etwas Salz, etwas schwarzer Pfeffer
Worcestersauce nach Belieben, 1 EL Mayonnaise

Zubereitung

① „Ei und Krabben": Die Eier 12 Minuten hart kochen, schälen und klein hacken. Krabben mit den Händen zerpflücken. Zwiebel fein hacken, unter kaltem Wasser abspülen und ausdrücken. Ei, Krabben und Zwiebel in eine Schüssel geben und mit Mayonnaise abschmecken (A). Toastscheiben beidseitig mit Butter bestreichen, Füllung dritteln, die Toasts damit belegen und zusammenklappen.

A

② „Thunfisch nach westlicher Art": Thunfisch in eine Schüssel geben und mit Salz, Knoblauchpulver, weißem Pfeffer und Olivenöl würzen. Basilikumblätter zerpflücken und hinzufügen (B), Füllung dritteln.
Je eine Scheibe mit Butter und die andere mit Mayonnaise bestreichen, Füllung darauf verteilen und zusammenklappen.

B

③ „Kartoffel und Thunfisch": Thunfisch abgießen. Kartoffel schälen, in 1 cm dicke Scheiben schneiden und kochen. In eine Schüssel geben, Butter hinzufügen und klein stampfen (C). Thunfisch, Salz, schwarzen Pfeffer, Sauce und Mayonnaise daruntermischen. Füllung in zwei Portionen teilen, Toast damit belegen und zusammenklappen.

C

④ Die Rinde der Toastscheiben abschneiden, die Sandwiches in mundgerechte Stücke zerteilen.

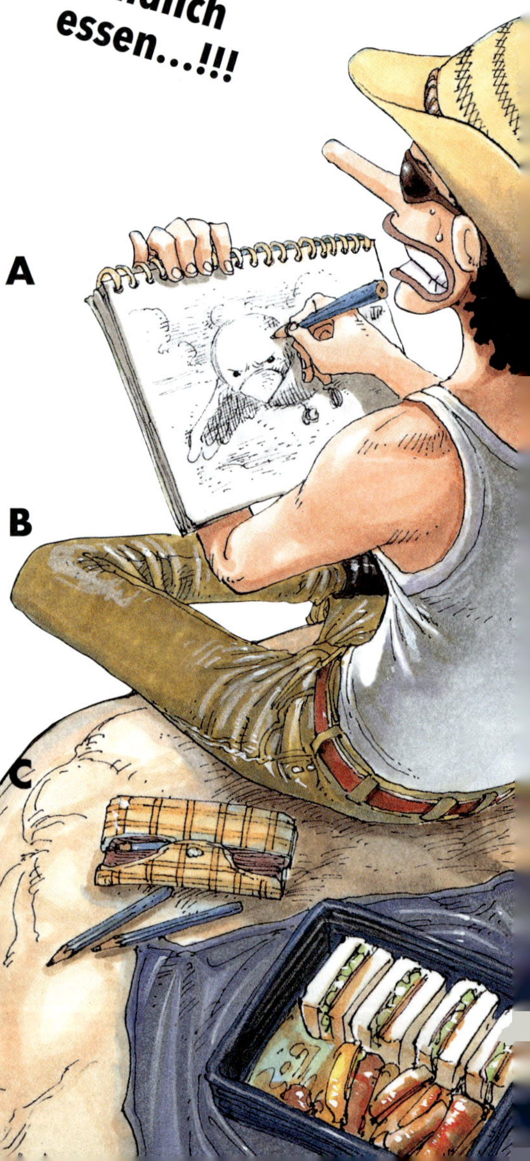

Thunfisch nach westlicher Art
Kartoffel mit Thunfisch
Ei und Krabben

IMPOSANT!
Fleisch first, ist ja wohl logisch!!!

FLEISCHREZEPTE

Die beste Kraftquelle und das absolute Lieblingsessen unserer Crew ist Fleisch, Fleisch und noch mal Fleisch! Koste die strahlende Welt der Fleischgerichte, von Wildfleisch mit seiner kräftigen Konsistenz bis zu leichten, bekömmlichen Fleischspeisen, die ich für Ladys empfehlen würde!

Water-Seven-Wasserfleisch-Barbecue

Braten von der Monster-Sandora-Echse

WATER-SEVEN-WASSERFLEISCH-BARBECUE

COMIC EPISODE

An dem Tag, als Ruffy aufwachte, wurde mit den Freunden aus Water Seven eine Party gefeiert!! Die Hauptspeise war das Wasserfleisch-Barbecue!! Durch Sanjis hervorragende Handhabung des Feuers geriet das Fleisch köstlich saftig!! (Band 45, Kapitel 433)

Sanjis Rezept

Das Rindfleisch muss nur mariniert werden

Zutaten für vier Personen

500 g Rindfleisch (würfelförmig), 1 Lauchzwiebel
Je ¼ gelbe und rote Paprika
½ Zucchini

a:
- 50 ml Wasser
- ½ EL Salz
- ½ Zitrone
- 1 Knoblauchzehe
- ¼ (50 g) Zwiebel
- Etwas schwarzer Pfeffer
- ½ EL Salatöl

Zubereitung

① Zitrone, Knoblauch und Zwiebel aus [a] in Scheiben schneiden. Rindfleisch mit [a] (Marinade) in einen Plastikbeutel geben und gut durchkneten, etwa eine Stunde ruhen lassen (A).
② Die Lauchzwiebel in 3 cm lange Stücke, die Paprika in mundgerechte Stücke und die Zucchini in 1 cm dicke Scheiben schneiden.
③ Fleisch aus ① und Gemüse aus ② auf einen Spieß stecken und auf einem Grill oder Bratrost unter dauerndem Wenden auf beiden Seiten grillen, bis es schön gebräunt ist (B).

BRATEN VON DER MONSTER-SANDORA-ECHSE

COMIC EPISODE

Die größte Reptilienart im Königreich Alabasta lebt in der Wüste von Sandy Island. Eigentlich eine Bestie mit hartem Panzer und starken Muskeln, doch für Ruffy und seine Freunde einfach nur eine Mahlzeit!! Sie braten sie auf einem heiß glühenden Felsenstein und schlagen sich den Bauch damit voll!! (Band 18, Kapitel 162)

Sanjis Rezept

Roastbeef aus der Bratpfanne

Zutaten für eine einfach zuzubereitende Menge

Etwa 400–500 g Rinderkeule (am Stück)
½ Knoblauchzehe, 1 TL Salz
Etwas schwarzer Pfeffer, 1 EL Salatöl
<Sauce>
½ Zwiebel (100 g), ½ Knoblauchzehe
3 EL Weißwein, 2 EL Sojasauce
5 g Butter, ½–1 TL Essig

Zubereitung

① Rindfleisch bei Zimmertemperatur 30 Minuten liegen lassen, Zwiebel und Knoblauch für die Sauce reiben. Kurz vor dem Braten das Fleisch mit den Schnittstellen der Knoblauchzehe (C), dann mit Salz und schwarzem Pfeffer einreiben. Salatöl in die erhitzte Bratpfanne geben und das Fleisch von allen Seiten bei mittlerer Hitze anbraten (D). Pfanne mit einem Deckel abdecken und das Fleisch bei kleiner Hitze circa sechs bis acht Minuten braten, dann wenden und weitere vier bis fünf Minuten braten.
② Fleisch aus der Pfanne nehmen, in Alufolie einwickeln und etwa 15 Minuten ruhen und mit der Restwärme garen lassen (E).
③ Für die Sauce Zwiebel, Knoblauch und Weißwein zu dem in der Pfanne verbliebenen Fleischjus geben und zum Kochen bringen, dann Sojasauce und Butter hinzufügen und vermischen. Wenn die Butter sich aufgelöst hat, Herd ausstellen, Essig hinzugeben und verrühren.
④ Fleisch in dünne Scheiben schneiden und auf Tellern mit der Sauce anrichten. Nach Belieben mit Wasabi oder Senf servieren.

A B

C D E

RUFFYS LIEBLINGSSPEISE: KNOCHENFLEISCH

Sanjis Rezept

Schottische Eier aus Ei und Hühnerfleisch

Zutaten für vier Personen

4 Hähnchenschenkel
4 gekochte Eier, 30 g Paniermehl
2 EL Milch
a ├ 500 g Hühnergehacktes, 1 TL Salz
  └ Etwas schwarzer Pfeffer, 1 Ei
Salatöl nach Belieben

Zubereitung

① Aus den Hähnchenschenkeln Tulpen formen.
Mit einer Küchenschere aus der Richtung, die später der Griff sein soll, Fleisch und Sehnen so vom Knochens trennen, als würde man es abschaben (A). Wenn man es bis zum Ende des Knochens abgetrennt hat, das Fleisch umstülpen.
② Das Paniermehl in der Milch einweichen. In eine Schüssel geben, die verkneteten Zutaten [a] hinzufügen und noch einmal durchkneten.
③ Die gekochten Eier mit dem Fleisch der Hähnchenschenkel umwickeln (B). Wenn es nicht gut haftet, das Fleisch leicht einritzen. Hände dünn mit Salatöl einreiben und die Hähnchenschenkel und Eier mit der Masse aus ② umgeben (C).
④ Im auf 200° C vorgeheizten Ofen unter Beobachtung 15–20 Minuten grillen.

COMIC EPISODE

Das erste Gericht, das Sanji nach seinem Aufbruch zubereitet. Ruffy bestellt „Fleisch am Knochen!!!". Jeder hat sofort ein Bild von dieser Mahlzeit vor Augen, die in Ruffys Abenteuern nicht fehlen darf!! (Band 8, Kapitel 69)

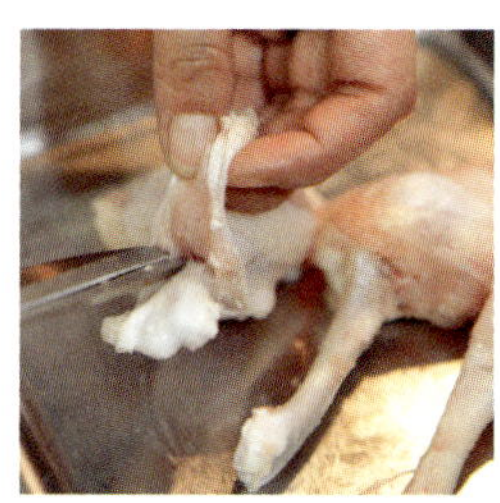
A

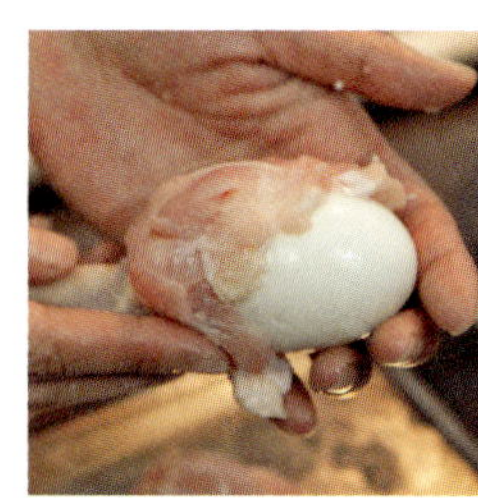
B

C

So sieht es von innen aus!

LIEBLINGSSPEISE DER YAGARA BULLS: GEDÄMPFTES WASSERFLEISCH

Gedämpfte Spareribs

Sanjis Rezept

Zutaten für vier Personen

500 g Spareribs vom Schwein, ½ TL Salz
Etwas schwarzer Pfeffer, 1 Selleriestange
½ Karotte (100 g), ¼ Rettich
½ Kopfsalat
<Sauce>
½ Lauchzwiebel, 1 EL Sesamöl
100 ml Ponzu, Knoblauch nach Geschmack

Zubereitung

① Spareribs, Salz und schwarzen Pfeffer in einen Plastikbeutel geben und gut durchkneten, danach etwa eine Stunde ruhen lassen (A). Sellerie, Karotte und Rettich mit einem Schäler dünn schälen (B). Die Salatblätter in mundgerechte Stücke zerpflücken.
② Die Lauchzwiebel für die Sauce grob hacken und in eine feuerfeste Schüssel geben. Das Sesamöl in einer Pfanne erhitzen, über die Lauchzwiebel gießen, Ponzu hinzufügen und verrühren.
③ Die Spareribs im vorgeheizten Dämpfer 20 Minuten lang dämpfen. Wenn das Fleisch weich geworden ist, Gemüse hinzufügen und dämpfen (C), bis es gar ist. Danach zusammen mit der Sauce servieren. Nach Geschmack geriebenen Knoblauch hinzufügen.

A

B

C

COMIC EPISODE

Spezialität von Water Seven, der berühmten „Stadt des Wassers". Dieses in klarem Wasser eingelegte Fleisch zergeht beim Essen auf der Zunge!! Es ist so zart und köstlich, dass man nicht genug davon bekommen kann. (Band 34, Kapitel 324)

Rezept für Ponzu

Zutaten

90 ml Wasser
45 ml Sojasauce
45 ml Reisessig (oder Zitronensaft)
30 ml Mirin (oder Weißwein + Zucker oder Honig)
Nach Belieben ein kleines Stück Konbu

Zubereitung

Zutaten mischen und dann wie im Rezept oben verwenden.
Wenn du Konbu benutzt, füge ihn der Mischung hinzu und koche sie auf, damit der Geschmack sich in der Flüssigkeit löst. Nimm den Konbu heraus und lasse die Mischung abkühlen.

IMPEL-DOWN-KOLIBRIBRATEN

Sanjis Rezept

Gebratenes Hühnchen gefüllt mit Spezial-Pilaf

Zutaten für vier bis fünf Personen

1 Hühnchen (etwa 2 kg)
1 TL Salz, etwas schwarzer Pfeffer
½ Zwiebel (100 g), 1 EL Salatöl
50 ml Wasser
a
- 300 g Reis, ½ Tomate
- 1 EL gehackte Petersilie
- ½ TL Salz, etwas schwarzer Pfeffer

Zubereitung

① Den Hals des Hühnchens abschneiden, Eingeweide, falls vorhanden, sorgfältig herausnehmen und das Hühnchen ausspülen. Abtropfen lassen und von innen mit Salz und Pfeffer einreiben.
② Zwiebel in Scheiben schneiden und Tomate aus [a] würfeln. Zutaten [a] vermischen und das Huhn damit füllen (A). Damit die Füllung nicht herausfällt, hinten mit einem Zahnstocher verschließen (B), dann den Braten von außen mit Salatöl einreiben.
③ Zwiebelscheiben in einer feuerfesten Schale ausbreiten und das Hühnchen darauflegen (C). Den in zwei gleich große Stücke geschnittenen Hals und Wasser hinzugeben. Ofen auf 200° C vorwärmen und die Schale hineinstellen. Das Hühnchen etwa 40–50 Minuten lang grillen, dabei zwischendurch die Schale andersherum in den Ofen stellen und das Fleisch hin und wieder mit dem austretenden Saft beträufeln. Zum Schluss im ausgeschalteten Ofen noch 10–15 Minuten ruhen lassen.
④ Den Fleischsud, der sich in der Schale angesammelt hat, abseihen und als Sauce verwenden. Wenn die Zwiebeln ausgetrocknet sind und zu wenig Fleischsud vorhanden ist, alles in einen kleinen Topf geben, Wasser (50–80 ml, nicht bei den Zutaten angegeben) hinzufügen und aufkochen lassen, dann abseihen. Hühnchen zerteilen, Sauce und nach Geschmack Salz und schwarzen Pfeffer darübergeben und servieren.

A

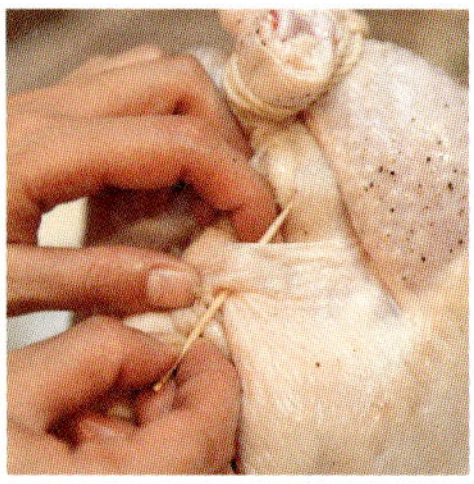
B

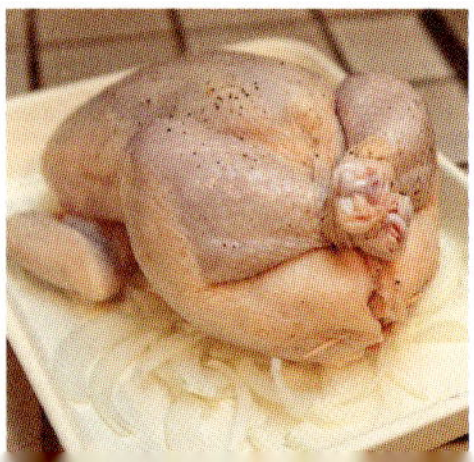
C

COMIC EPISODE

Ein Kolibri als Helfer in der Not?! Impel Down, Level 4: „Die Flammen-Hölle". Ruffy und seine Freunde entdecken einen Kolibri, der von der Hitze gebraten herabstürzt. Der knusprig gegrillte Vogel kam Ruffy als Imbiss gerade recht. (Band 54, Kapitel 530)

STEW VOM HEISSEN STEIN BEIM STRANDCAMP

Sanjis Rezept

Nahrhaftes Porkstew ohne Mehlschwitze

Zutaten für vier Personen

600 g Schweineschulter (am Stück)
½ TL Salz
Etwas schwarzer Pfeffer
1 Knoblauchzehe
6 Champignons
½ Zwiebel (100 g)
1 EL Salatöl
20 g Butter
25 g proteinarmes Mehl
400 ml Rotwein
400 ml Hühnerbrühe (siehe Seite 95)
2 Lorbeerblätter
30 g Rosinen
5 EL Ketchup

Zubereitung

① Schweinefleisch in 1,5 cm dicke Scheiben schneiden, in eine Schale legen und mit Salz, Pfeffer und Mehl bestreuen (A). Knoblauchzehe in der Mitte durchschneiden, den Keim herausnehmen und dann mit dem Küchenmesser zerdrücken. Champignons halbieren und Zwiebel in Stifte schneiden.

② Salatöl in einen Topf geben, Knoblauch hinzufügen und Herd auf mittlere Hitze stellen. Wenn der Knoblauch anfängt zu duften, herausnehmen und Butter (10 g) in den Topf geben. Sobald sie zerlaufen ist, das Fleisch zusammen mit dem Mehl aus der Schale in den Topf geben und auf beiden Seiten anbraten, bis es eine leichte Bräunung angenommen hat.

③ Rotwein angießen, aufkochen lassen, damit der Alkohol sich verflüchtigt, dann Hühnerbrühe (B), Knoblauch aus ② und Lorbeerblätter hinzufügen. Noch einmal aufkochen, bei Schaumbildung den Schaum abschöpfen und die Lorbeerblätter herausnehmen (C). Rosinen und Ketchup dazugeben, den Deckel kippen und bei kleiner Hitze 40 Minuten kochen lassen.

④ Butter (10 g) in eine erhitze Pfanne geben. Wenn sie anfängt zu zerlaufen, Champignons und Zwiebel dazugeben, anbraten und anschließend zu dem Fleisch in den Topf geben. Weitere 20 Minuten kochen lassen. Bei Bedarf mit Salz (nicht bei den Zutaten angegeben) nachwürzen.

COMIC EPISODE

Ein großartiger Koch ist auch ein Survival-Meister!! Beim Überlebenskampf auf der Himmelsinsel wirft Sanji Fleisch und Gemüse in einen Topf und bereitet daraus ein Stew zu. Wenn man den Eintopf auf einem heißen Stein kochen lässt, werden die Zutaten perfekt gegart und ihr köstlicher Geschmack und ihre Nährstoffe gehen in die Suppe über!! (Band 27, Kapitel 253)

A

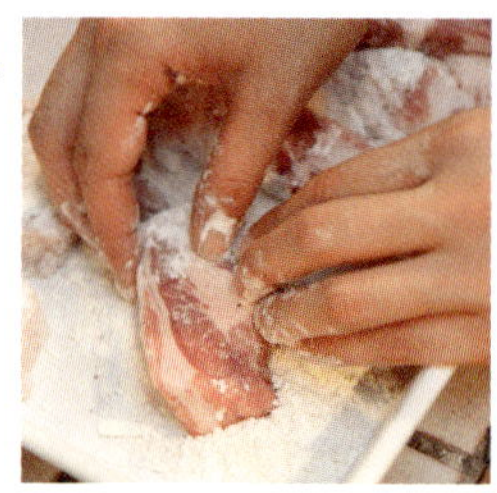

B

C

ABSALOMS (?!) KROKETTEN

Sanjis Rezept

Kartoffelkroketten mit Rindfleisch satt!

Zutaten für zehn Stück

4 Kartoffeln (600 g)
200 g Rindergeschnetzeltes
½ Zwiebel (100 g)
½ EL Salatöl, 1 TL Salz
Etwas schwarzer Pfeffer, 20 g Butter
Proteinarmes Mehl nach Belieben, 1–2 Eier
Paniermehl nach Belieben, Frittieröl nach Belieben
In Streifen geschnittener Kohl nach Belieben
Worcestersauce nach Belieben

Zubereitung

① Kartoffeln in einem Dämpfer etwa 40 Minuten garen, bis sie weich sind. Das Rindfleisch in 2 cm dicke Streifen schneiden (A) und die Zwiebel klein hacken.

② Salatöl in eine erhitzte Pfanne geben und das Rindfleisch auf mittlerer Stufe anbraten. Wenn es leicht durchgebraten ist, Zwiebel hinzufügen und braten, bis sie glasig wird. Mit Salz (½ TL) und schwarzem Pfeffer würzen. In eine Schale geben und abkühlen lassen.

③ Kartoffeln aus ① schälen, solange sie noch heiß sind, und in eine Schüssel geben. Mit einem Spatel oder einer Kelle zerdrücken, dabei Butter und Salz (½ TL) hinzufügen und alles vermischen (B). Rindfleisch und Zwiebel aus ② dazugeben und unterrühren, dann die Masse in einer Schale ausbreiten und abkühlen lassen.

④ Masse aus ③ in zehn gleiche Teile teilen und zu kleinen Ovalen formen (C). Der Reihe nach in proteinarmem Mehl, gequirltem Ei und Paniermehl wälzen und dann unter Wenden in auf 180° C erhitztem Öl etwa drei Minuten frittieren.

⑤ Einen mit Küchenkrepp bedeckten Rost auf ein Backblech stellen, die Kroketten darauflegen und das Öl abtropfen lassen. Auf einem Teller anrichten und nach Geschmack mit in Streifen geschnittenem Kohl und Sauce servieren.

A
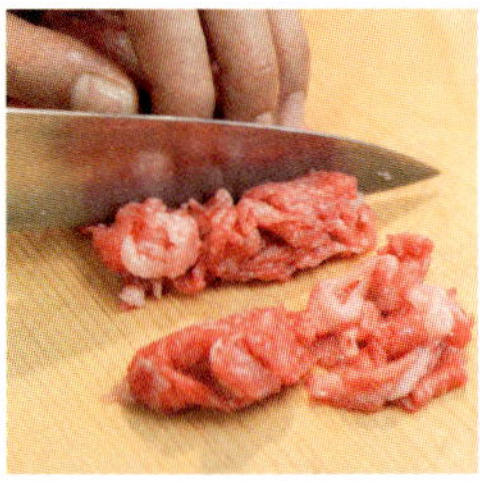

B

C

COMIC EPISODE

Sanji träumt immer von der Unsichtbarkeits-Frucht. Absalom hat nicht nur diese Teufelskraft ergattert, sondern versucht zu allem Überfluss, Nami zu entführen!! Wutentbrannt verpasst Sanji ihm mit den Worten „Ich mach Kroketten aus dir!“ ein Paar „Veau Shots“!! (Band 48, Kapitel 463)

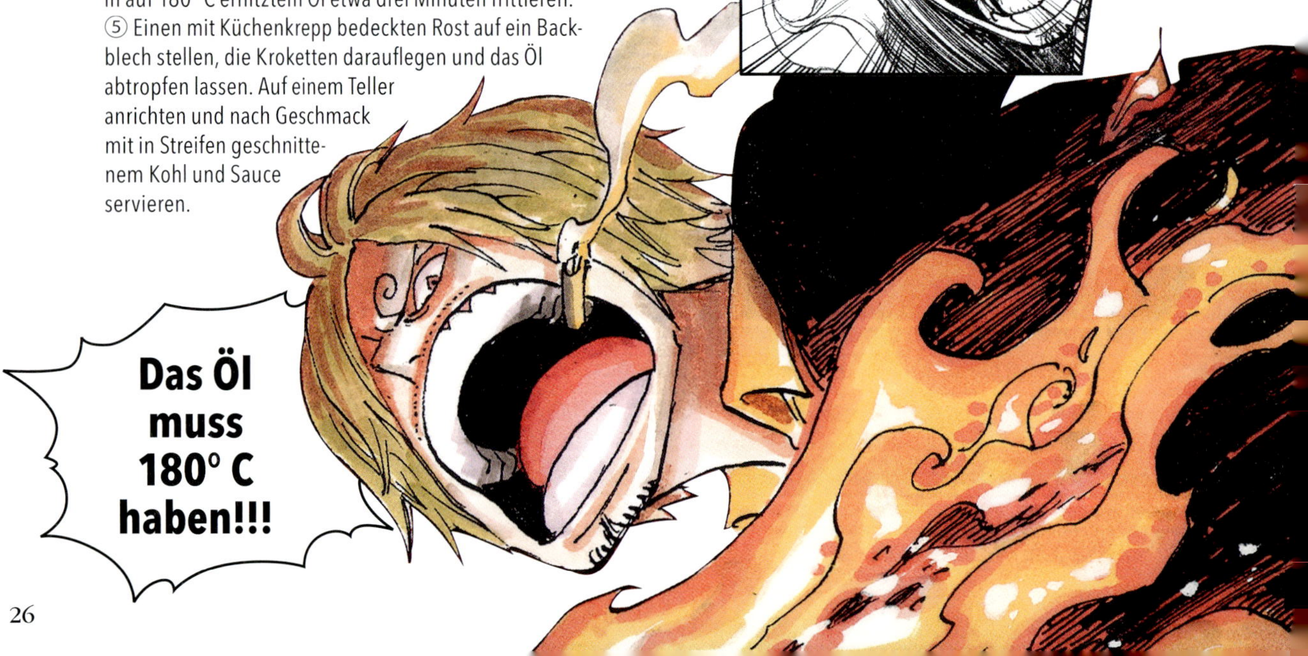

Der Davy Back Fight ist ein Piratenspiel, bei dem die Crewmitglieder und die Ehre der Bande der Einsatz sind. Dort werden Frankfurter Würstchen verkauft, die man so gerne auf Straßenfesten isst!! Dazu werden Rum, Käse, Kekse, gepökeltes Fleisch und andere Köstlichkeiten angeboten!! (Band 33, Kapitel 306)

Erkennst du den versteckten Geschmack?

DAVY BACK FIGHT-FRANKFURTER

Sanjis Rezept

Erstklassiger Potaufeu mit selbst gemachtem Öl als verstecktem Geschmack

Zutaten für vier Personen

8 Frankfurter
2 Kartoffeln (May-Queen-Frühkartoffeln)
1 Karotte (200 g)
½ Kohl (600 g)
2 kleine Zwiebeln (240 g)
2000 ml Hühnerbrühe (siehe Seite 95)
2 TL Salz
a ├ 1 Knoblauchzehe
 ├ 1 EL Olivenöl
Parmesankäse nach Geschmack
Schwarzer Pfeffer nach Geschmack

A

Zubereitung

① Frankfurter einritzen, damit der Geschmack sich verteilen kann. Kartoffeln schälen und halbieren, Karotte vierteln. Kohl vierteln, in Streifen schneiden und mit einem Zahnstocher oder Bambusspieß fixieren, damit er nicht auseinanderfällt. Zwiebel schälen und als Ganzes verwenden. Knoblauch aus [a] klein hacken.
② Hühnerbrühe, Salz, Karotte und Zwiebel in einen Topf geben und erhitzen. Wenn die Flüssigkeit kocht, auf kleine Hitze stellen. Nach 20 Minuten Kohl und Kartoffeln dazugeben und weitere 20 Minuten kochen. Wenn das Gemüse weich ist, Frankfurter hinzufügen und noch einmal 10 Minuten kochen.
③ Zutaten [a] in eine Pfanne geben und auf mittlere Hitze stellen. Wenn der Knoblauch leicht gebräunt ist, ebenfalls in den Topf geben (A). Wenn der Geschmack zu schwach ist, mit Salz (nicht bei den Zutaten angegeben) nachwürzen. Nach Geschmack mit Parmesankäse und schwarzem Pfeffer bestreuen. Zum Servieren Zahnstocher oder Bambusspieß aus dem Kohl entfernen.

Ich will jetzt endlich essen!

AUCH FÜR EINSTEIGER:

Kennst du das All Blue?

Fischgerichte sind schwierig? Eigentlich nicht! Wenn man ein paar Tricks draufhat, sind sie erstaunlich leicht zu meistern. Ich verrate dir ein paar megaleckere Rezepte, die sowohl Kerle als auch Ladys zufriedenstellen. Bei der Gelegenheit kannst du dir von den Grundlagen bis zur Praxis das nötige Wissen einprägen!!

FISCHGERICHTE

Meeresfrüchte-Risotto

Üppiges Himmelsmeeres-
früchtemenü mit Skypia-Obst

Marinierte Garnelen
und Kammmuscheln

ÜPPIGES HIMMELSMEERES-FRÜCHTEMENÜ MIT SKYPIA-OBST

Sanjis Rezept

Marinierte Garnelen und Kammmuscheln

Zutaten für drei bis vier Personen

6 Kammmuscheln für Sashimi (zum rohen Verzehr geeignet)
10 Garnelen (mit Schale)
1 Grapefruit
1 Stange Sellerie mit Blättern
½ rote Zwiebel
1 Stück Ingwer (10 g)
Saft einer Limette, etwas weißer Pfeffer
½ TL Salz, Olivenöl nach Geschmack

Zubereitung

① Kammmuscheln in kochendem Wasser 30 Sekunden kochen und in kaltem Wasser abschrecken (A), dann der Länge nach halbieren. Bei den Garnelen Köpfe und Eingeweide entfernen, mit der Schale kochen und auf einen Teller legen. Wenn sie etwas abgekühlt sind, schälen (B), sehr große Garnelen gegebenenfalls halbieren. Grapefruit schälen und die weiße Zwischenhaut entfernen. Sellerie putzen und in längliche Streifen, Zwiebel in Scheiben und Ingwer zu Stiften schneiden.
② Garnelen und Kammmuscheln in eine Schüssel geben, Limettensaft, Salz und weißen Pfeffer hinzufügen und vermischen. Zwiebel, Sellerie und Ingwer unterheben, die Grapefruit hinzufügen und das Ganze im Kühlschrank kalt stellen.
③ Noch einmal mischen, auf Tellern anrichten und mit Sellerieblättern garnieren. Nach Geschmack Olivenöl darüberträufeln.

A

B

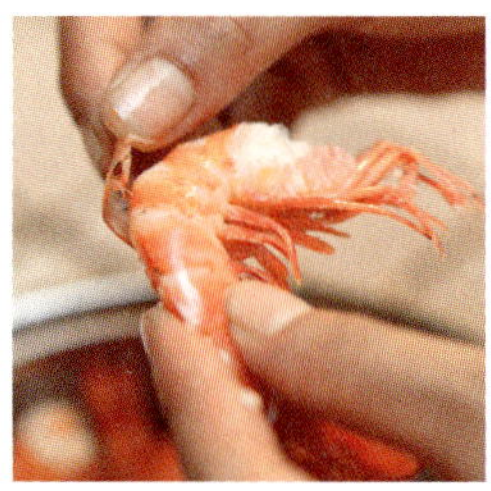

C

D

Meeresfrüchte-Risotto

Zutaten für zwei Personen

150 g Reis (ungekocht), 10 Garnelenköpfe
4 Kammmuscheln, ¼ Zwiebel (50 g)
¼ Zucchini, 20 g Butter
3 EL Weißwein, ½ – ⅔ TL Salz
Etwas weißer Pfeffer
700 ml Hühnerbrühe (siehe Seite 95)
2 EL Parmesankäse (gerieben)
Nach Geschmack pochierte Eier

Zubereitung

① Garnelenköpfe in eine Pfanne geben, mit einem Spatel zerdrücken und dabei anrösten (C). Die Hühnerbrühe dazugeben, aufkochen lassen und nach drei Minuten Kochzeit abseihen.
② Die Kammmuscheln in 1,5 cm große Würfel schneiden, die Zwiebel fein hacken, die Zucchini in 1 cm große Würfel schneiden. Butter in eine Pfanne geben, die Zwiebel darin anbraten. Sobald sie glasig geworden ist, den Reis hinzufügen. Wenn der Reis durchsichtig wird (D), Zucchini und Weißwein dazugeben. Sobald der Alkohol sich verflüchtigt hat, etwas von der Suppe aus ① in die Pfanne geben, bei hoher Hitze aufkochen lassen und dann die Hitze so regulieren, dass die Mischung leise köchelt. 13–15 Minuten kochen, dabei immer wieder Suppe nachgießen, wenn die Flüssigkeit in der Pfanne zu wenig wird (es muss nicht die ganze Suppe verbraucht werden).
③ Wenn der Reis noch leicht bissfest ist, die Kammmuscheln hinzufügen und mit Salz und weißem Pfeffer würzen.
④ Auf Tellern anrichten und mit Parmesankäse bestreuen. Nach Geschmack mit einem pochierten Ei servieren.

COMIC EPISODE

Als die Strohhutbande auf der Himmelsinsel ankommt, begegnet sie dort Conis, die sie mit zu sich nach Hause nimmt. Sanji stellt sich dort in die Küche und bereitet aus Zutaten von der Himmelsinsel ein Menü zu. Alle sind begeistert von den unbeschreiblich köstlichen Himmelsinsel-Delikatessen!
(Band 26, Kapitel 240)

Man kann alles mitessen!!

SAUTÉ VOM ELEFANTENTHUNFISCH MIT DEM LECKEREN RÜSSEL

Sanjis Rezept

Gebratener Marlin mit einer süßlichen Spezialsauce

Zutaten für vier Personen

4 Scheiben Marlin (etwa 300 g)
Etwas Salz und weißer Pfeffer
1 EL Olivenöl
<Sauce>
½ Zwiebel (100 g)
2 EL Olivenöl
½–1 TL geriebener Knoblauch
2 EL Wasser, 2 TL Honig
2/3 TL Salz, 1 TL Sojasauce
3 EL geriebener weißer Sesam

Zubereitung

① Den Fisch salzen und pfeffern. Die Zwiebel für die Sauce fein hacken. Olivenöl in eine erhitzte Pfanne geben, Fischscheiben hineinlegen und von beiden Seiten anbraten. Wenn der Fisch durchgebraten ist, herausnehmen (A).
② Die Sauce zubereiten. Das Olivenöl für die Sauce in derselben Pfanne erhitzen, die Zwiebel darin glasig anbraten und dann Knoblauch, Wasser, Honig, Salz, Sojasauce und geriebenen Sesam hinzufügen (B).
③ Den Marlin auf Tellern anrichten und die Sauce aus 2 darübergeben.

A

B

COMIC EPISODE

Die Bande hat es wohlbehalten auf die Grand Line geschafft und schmiedet nun am Kap der Zwillinge Pläne für die Weiterfahrt. Währenddessen kocht Sanji aus einem riesigen Thunfisch, den er in der Stadt besorgt hat, eine prachtvolle Mahlzeit. Der Fisch ist wunderbar fett, vor allem sein Rüssel schmeckt köstlich. (Band 12, Kapitel 105)

SAUTÉ VOM SKY-FISCH AUS DEM WEISSEN MEER

Sanjis Rezept

So sieht es von innen aus!

Frittierte Rossmakrele mit Käse

Zutaten für vier Personen

4 Rossmakrelen (600 g)
1 Mozzarella (100 g)
Etwas Salz und weißer Pfeffer
Proteinarmes Mehl nach Belieben, 1 Ei
Paniermehl nach Belieben
Salatöl nach Belieben

<Sauce>

a:
- 1 Tomate, ¼ Zwiebel (50 g)
- 6 EL Ketchup
- 2 TL Essig
- 2 TL Olivenöl
- Pfeffersauce nach Belieben

Rote Zwiebel und Basilikum nach Belieben

COMIC EPISODE

Die Strohhutbande will zur Himmelsinsel und ist über den Wolken angekommen. Die Fische, die dort in dem schneeweißen Meer leben, haben sich an ihre Umgebung angepasst und eine eigene Evolution durchlaufen. Die Strohhüte staunen, als sie einen solch ungewöhnlichen Fisch zum ersten Mal sehen; der köstliche Geschmack wird von Ruffy offiziell bestätigt. (Band 26, Kapitel 237)

Zubereitung

① Rossmakrelen für das Frittieren zurechtschneiden. Den Mozzarella halbieren und in 8 mm dicke Scheiben schneiden.
② Tomaten und Zwiebel für die Sauce klein schneiden und mit Zutaten [a] vermischen.
③ Die Makrelen salzen und pfeffern und mit Mozzarellascheiben füllen (A). In proteinarmem Mehl, gequirltem Ei und Paniermehl wälzen.
④ Pfanne etwa 1 cm hoch mit Öl füllen, auf 160° C erhitzen und die Makrelen aus ③ hineingeben (B). Etwa fünf Minuten frittieren, dabei einmal wenden. Auf ein mit einem Rost und Küchenkrepp belegtes Backblech legen und abtropfen lassen.
⑤ Auf Tellern in feine Scheiben geschnittene rote Zwiebel und Makrelen anrichten und mit der Sauce und Basilikumblättern garnieren.

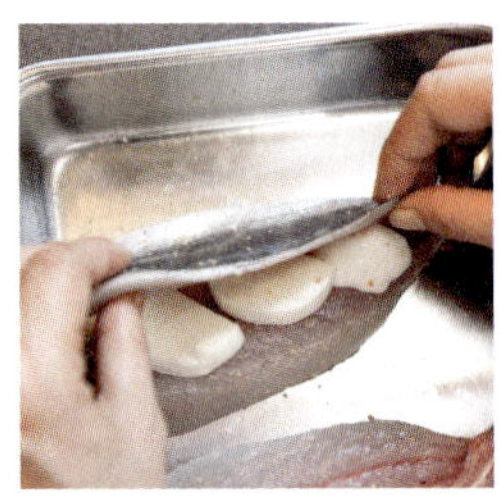

A

B

DAS MAKRELEN-MENÜ DER SARUYAMA-ALLIANZ

Sanjis Rezept

COMIC EPISODE

Als die Saruyama-Allianz erfährt, dass die Strohhutbande zur Himmelsinsel unterwegs ist, empfangen sie sie begeistert als Gleichgesinnte, die wie sie selbst das Abenteuer suchen. Aus den Makrelen, die Shojo gefangen hat, bereiten sie ein üppiges Festmahl und erzählen sich leidenschaftlich von ihren Träumen. (Band 25, Kapitel 229)

Makrele mit Honigsenf

Zutaten für drei bis vier Personen

2 Makrelen (für Sashimi), Salz nach Belieben

a
- 150 ml Essig
- 2 EL Zucker
- ½ TL Salz

b
- 2 EL Dijonsenf (oder körniger Senf)
- ½ EL Honig
- ½ EL Essig

Dill nach Geschmack

Zubereitung

① Makrelen filetieren, unter Wasser abspülen und abtropfen lassen. Mit der Haut nach unten auf ein Blech legen, großzügig mit Salz bestreuen (A) und im Kühlschrank 30 Minuten ruhen lassen. Zutaten [a] und [b] vermischen.

② Das Salz von den Makrelen aus ① abspülen und abtropfen lassen. Mit der Haut nach oben auf das Blech legen, Mischung [a] darübergießen und im Kühlschrank 20 Minuten ruhen lassen.

③ Makrelen aus ① entgräten. Die Haut vom Kopfende her abziehen (B), Fisch in mundgerechte Stücke schneiden und mit Sauce [b] anrichten. Nach Geschmack mit gehacktem Dill bestreuen.

Makrele im Sesammantel gebraten

Zutaten für zwei Personen

2 Makrelen, proteinarmes Mehl nach Belieben
Weißer Sesam nach Belieben, 1 Stück Lotoswurzel (140 g)
2 Paprikaschoten

a
- 1 EL Sojasauce
- 1 gestrichener EL Zucker, 2 EL Sake

Salatöl nach Belieben

Zubereitung

① Die filetierten Makrelen mit Mehl bestäuben und auf der Fleischseite mit weißem Sesam bestreuen (C). Lotoswurzel schälen, in 1 cm dicke Scheiben schneiden, die Paprikaschoten mit Kernen und Kelchblättern vierteln. Zutaten [a] verrühren.

② Salatöl in eine erhitzte Pfanne geben, Lotoswurzel und Paprika bei mittlerer Hitze von beiden Seiten anbraten und aus der Pfanne nehmen.

③ Erneut Öl in die Pfanne aus ② geben, die Makrelen mit der Hautseite nach unten fast durchbraten, dann wenden und die andere Seite ebenfalls anbraten. Mit Küchenpapier das überflüssige Öl abtupfen, mit der mit Sesam betreuten Seite nach oben legen, Lotoswurzel und Paprika aus ② wieder dazugeben und Sauce [a] darübergießen (D).

A

C

B

D

Makrele mit Honigsenf
Makrele im Sesammantel gebraten

GEBRATENER SKY-HAI VON DER HIMMELSINSEL

Sanjis Rezept

„Chanchan-Yaki vom Lachs" nach Sanjis Art!

Zutaten für vier Personen

3 Scheiben roher Lachs, etwas Salz
Etwas weißer Pfeffer
¼ Kohlkopf (300 g)
½ Zwiebel (100 g)
½ Karotte (100 g), etwas Salatöl
1 EL Sake, 1 ½ EL Zucker
3 EL Misopaste, 20 g Butter
½ EL Sojasauce

Zubereitung

① Den Lachs leicht salzen und pfeffern. Kohl in Streifen, Zwiebel in 1 cm breite Scheiben, Karotte in Stifte schneiden.
② Salatöl in eine erhitzte Pfanne geben und den Lachs mit der Haut nach unten bei mittlerer Hitze 2–3 Minuten braten, bis die Haut leicht gebräunt ist.
③ Den Lachs wenden, Kohl, Zwiebel und Karotte dazugeben und mit Sake übergießen. An verschiedenen Stellen Zucker und Miso hinzugeben. Kleine Butterstückchen auf die Misopaste setzen (A). Pfanne mit Alufolie bedecken und 6–7 Minuten schmoren lassen (B).
④ Alufolie abnehmen, den Lachs zerkleinern und alles miteinander vermischen. Sojasauce hinzufügen und den Herd abschalten.

A

B

COMIC EPISODE

Nachdem die Strohhutbande sich aufgeteilt hat, berichten sie sich anlässlich ihres Wiedersehens gegenseitig von den Informationen, die sie auf der Himmelsinsel erworben haben. An diesem Tag verlassen sie die vom Kampf angeschlagene Flying Lamb und campen am Strand. Unter freiem Himmel verspeisen sie ein üppiges Festmahl.
(Band 27, Kapitel 252)

ALGEN-CRÈME-BRÛLÉE AUS DEM MERMAID-CAFÉ

Sanjis Rezept

Ich wünschte, die Meerjungfrauenprinzessin würde mich damit füttern!!!

COMIC EPISODE

Als Ruffy und seine Freunde auf der Fischmenscheninsel ankommen, gehen sie zum Mermaid-Café, wo ihre Freundin Kamy arbeitet. Leider gibt es auf der Speisekarte des Cafés kein einziges Fleischgericht! Für Ruffy ist die Speisenauswahl damit vollkommen indiskutabel! (Band 62, Kapitel 610)

Reichhaltiger Eierstich mit Sauce aus Wakame-Algen

Zutaten für vier Portionen zu je 100 ml

2 Eier
300 ml Brühe aus Konbu und Bonito (s. Seite 94)
½ TL Salz, 1 TL Mirin
⅓ TL Sojasauce
2 Hühnerbrustfilets (80 g)
½ TL Sojasauce
<Wakamegelee>
50 g Wakame-Algen
150 ml Brühe aus Konbu und Blaufisch (s. Seite 94)
1 TL leichte Sojasauce
½ EL Stärkemehl

Zubereitung

① Eier in eine Schüssel schlagen, Brühe, Salz, Mirin und Sojasauce hinzufügen und alles vermischen. Hühnerbrust schräg in dünne Scheiben schneiden und mit Sojasauce beträufeln.
② Fleisch und Eimischung gleichmäßig auf vier Behälter verteilen. Wenn sich auf der Oberfläche Luftblasen bilden, diese mit einem Löffel beseitigen (A).
③ Gefäße mit Alufolie abdecken und im vorgeheizten Dämpfer 15–20 Minuten stocken lassen (B).
④ Wakamegelee zubereiten. Brühe, leichte Sojasauce und Stärkemehl in einen Topf geben und bei schwacher Hitze unter ständigem Rühren kochen. Sobald die Flüssigkeit eine sämige Konsistenz hat, klein geschnittene Algen hinzufügen, den Herd abschalten und das Gelee über den fertigen Eierstich geben.

A

B

COMIC EPISODE

Kamys Freund Pappag prahlt vor Ruffy, dass Meeresungeheuerfleisch sein Hauptnahrungsmittel sei. Doch sein wahres Lieblingsessen sind Venusmuscheln, die man rund um Kamys Haus finden kann ♥. Er freut sich jeden Tag darauf, dass Kamy sie ihm vorbeibringt. (Band 62, Kapitel 610)

A

B

C

KAMYS LECKERE VENUSMUSCHELN

Sanjis Rezept

Cremig mit Sake gedünstet

Zutaten für vier Personen

500 g Venusmuscheln oder kleine Miesmuscheln
¼ Zwiebel, 1 Knoblauchzehe
100 ml Weißwein, etwas weißer Pfeffer
1 EL Butter, 50 ml Schlagsahne
Glatte Petersilie nach Belieben
Gekochter Reis nach Belieben

Zubereitung

① Muscheln in Wasser mit einem Salzgehalt etwa wie Meerwasser legen, mit Alufolie o. Ä. abdunkeln und 2–3 Stunden entsanden lassen.
② Die Zwiebel klein schneiden, die Knoblauchzehe längs halbieren und den Keim herausnehmen, dann mit dem Messerrücken zerdrücken. Die Petersilie fein hacken.
③ Muscheln, Zwiebel, Knoblauch und Weißwein in eine Pfanne geben, Herd einschalten und die Pfanne mit einem Deckel abdecken. Wenn die Muscheln anfangen sich zu öffnen, mit weißem Pfeffer bestreuen, Butter hinzugeben und zum Schluss die Schlagsahne unterrühren (A). Auf Tellern anrichten und mit der Petersilie bestreuen. Aus der übrigen Sauce kann man durch Erhitzen und Hinzufügen von Reis ein Risotto zubereiten (B).

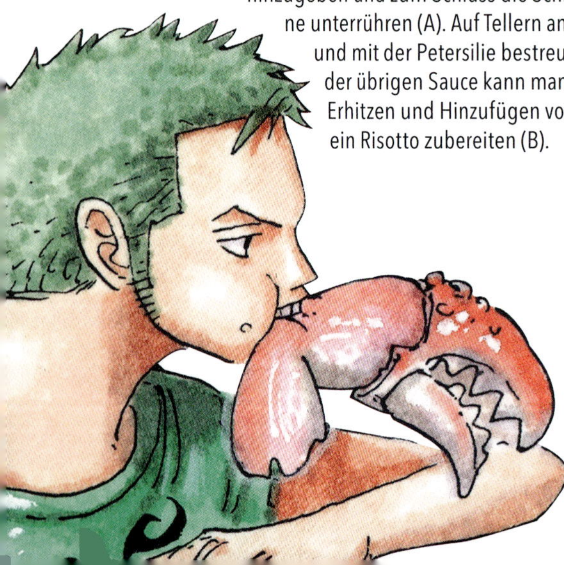

PRIMA SNACK! OKTOPUSSCHEIBEN

Sanjis Rezept

Oktopus-Snack mit spritziger Säure

Zutaten für vier Personen

150 g Oktopus, ¼ Zwiebel (50 g)
½ EL Essig, zwei Fingerspitzen Salz
1 EL Olivenöl
Etwas Paprikapulver

Zubereitung

① Zwiebel klein schneiden und unter kaltem Wasser abspülen. Oktopus schräg in Scheiben schneiden (C) und auf einem Teller anrichten.
② Salz zu dem Essig geben und verrühren, dann das Olivenöl dazugeben und nochmals verrühren.
③ Mischung aus ② über die Oktopusscheiben geben, die abgetropfte Zwiebel darüber verteilen und mit Paprikapulver bestreuen.

COMIC EPISODE

Die Strohhutbande hat Arlong und seine Bande, die Nami als Navigatorin ausgenutzt und gequält hat, vernichtend geschlagen. Beim Anblick von Okta, der nach dem Kampf in Angriffshaltung vor ihnen erscheint, fällt Sanji als eingefleischtem Koch spontan ein Oktopusgericht ein. (Band 10, Kapitel 83)

Kamys leckere Venusmuscheln

Prima Snack! Oktopusscheiben

GESUNDE

Auf alle Fälle Gemüse! Und Gemüse! Und noch mehr Gemüse!!

Gemüse enthält anscheinend ein Wundermittel, das reinigend auf den Körper, aber auch auf die Seele wirkt. Deshalb habe ich für alle Ladys einmalige Rezepte kreiert, die wenig Kalorien haben, ohne dass man deswegen auf Genuss verzichten muss. Jedes davon ist einfach und schnell zuzubereiten! Also, iss bitte täglich Gemüse!

GEMÜSEGERICHTE

Himmelsinsel-Lunchbox für die Goldsuche

HIMMELSINSEL-LUNCHBOX FÜR DIE GOLDSUCHE

Sanjis Rezept

Genießer-Lunchbox mit reichlich Gemüse

Zutaten für drei bis vier Personen

Bunter Lachsreis
<Reis>
2 Tassen Reis
1 Scheibe leicht gesalzener Lachs (etwa 100–120 g)
⅓ Karotte (65 g)
1 Stück frittierter Tofu
½ Packung Shimeji-Pilze (80g)
½ EL leichte Sojasauce
½ TL Salz
1 Stück Konbu (10 cm²)
<Garnierung>
Je eine halbe rote und gelbe Paprikaschote
10 grüne Bohnen, 80 g dicke Bohnen
1 TL Salatöl, zwei Fingerspitzen Salz
½ TL Zucker, 2 EL Wasser
½–1 TL Sojasauce

<Schinkensandwich mit frittiertem Tofu>

Zutaten für zwei Personen

1 Stück frittierter Tofu, 2 Scheiben Schinken
Proteinarmes Mehl nach Belieben
Salatöl nach Belieben
½–1 TL Sojasauce
In Salzwasser gekochter Brokkoli nach Belieben

COMIC EPISODE

Wenn du in Rom bist, verhalte dich wie ein Römer! Während des Abenteuers auf der Himmelsinsel komponiert Sanji aus den Delikatessen, die sie auf der Insel finden, eine Lunchbox. Sie ist, anders als der übliche Piratenlunch, eine gesunde Mahlzeit mit reichlich Gemüse!! Für die weiblichen Crewmitglieder hat Sanji großen Wert auf elegante Farbenvielfalt gelegt. (Band 27, Kapitel 253)

Zubereitung

<Reis>

① Den gewaschenen Reis einweichen lassen. Die Karotte in 2 cm lange Stifte schneiden, den frittierten Tofu mit Küchenkrepp umwickeln, um das überschüssige Öl zu entfernen, klein hacken. Die Pilze putzen und in kleine Bündel zerteilen und den Lachs auf dem Bratrost von beiden Seiten grillen.

② Reis, leichte Sojasauce und die zwei Tassen Reis entsprechende Menge Wasser (nicht in den Zutaten angegeben) in den Reiskocher geben, Salz und Konbu, danach Karotte, frittierten Tofu, Shimeji-Pilze und Lachs aus ① hinzufügen und alles zusammen kochen (A).

③ Wenn der Reis fertig gegart ist, Konbu und Lachs herausnehmen. Den Fisch entgräten, zerpflücken und wieder in den Reiskocher geben. Alle Zutaten verrühren.

<Garnierung>

① Die geputzten Paprika in mundgerechte Stücke, die Bohnen in 3 cm lange Stücke schneiden, die dicken Bohnen kochen und schälen (B).

② Salatöl in einer Pfanne erhitzen, Paprika und Stangenbohnen hineingeben und braten, bis sie weich werden (C). Salz, Zucker und Wasser hinzufügen. Wenn die Flüssigkeit verdampft ist, mit Sojasauce ablöschen und Herd abschalten. Den Reis in eine Lunchbox füllen und mit dem Gemüse garnieren.

< Schinkensandwich mit frittiertem Tofu>

① Den Tofu in 1,5 cm dicke Scheiben schneiden und in der Mitte einschneiden, dabei auf der Unterseite 5 mm stehen lassen. Den auf die Größe der Tofustücke zurechtgeschnittenen Schinken in den Spalt einfügen. Mit proteinarmem Mehl bestäuben (D).

② Salatöl in einer Pfanne erhitzen und Tofustücke aus ① hineinlegen, von beiden Seiten bei mittlerer Hitze anbraten. Mit Sojasauce beträufeln und Herd ausschalten.

A

B

C

D

WASSERSTADT-WASSERCHINAKOHL

Sanjis Rezept

COMIC EPISODE

Auch die Beschaffung von Lebensmitteln gehört zu den Aufgaben eines Kochs!! Hier ist Sanji gerade beim Einkaufen in der Wasserstadt Water Seven. Er kaufte dort in klarem Wasser eingelegten Chinakohl. Genau wie beim Wasserfleisch bringt der hohe Wassergehalt den milden Geschmack des Chinakohls zur Geltung. (Band 34, Kapitel 326)

A

B

Japanische Bagna-cauda-Version

Zutaten für vier Personen

4 Blätter Chinakohl (300 g)
½ Karotte (100 g)
½ gelbe Paprika
<Sauce>
6 EL Mayonnaise
2 EL Misopaste
1–2 EL Milch, Shichimi-Togarashi-Gewürzmischung nach Belieben

Zubereitung

① Kaltes Wasser in eine Schüssel geben und Chinakohlblätter, Karotte und Paprika darin einweichen, bis sie knackig sind (A).
② Chinakohl abtropfen lassen, in Blätter und Strünke zerteilen, die Blätter in mundgerechte Stücke und die Strünke in Streifen schneiden (B). Die Karotte mit der Schale grob in längliche dünne Stifte, die Paprika ebenfalls in längliche schmale Stücke schneiden.
③ Zutaten für die Sauce mischen und mit dem Gemüse servieren.

LACHPILZE VON DER FRAUENINSEL

Sanjis Rezept

A

Pilzrezept mit duftenden Kräutern

Zutaten für vier Personen

6 Shiitake-Pilze
1 Packung Shimeji-Pilze (170 g)
2 Kräuterseitlinge (90 g), 3 Scheiben Bacon
1 EL Salatöl, 2 Rosmarinzweige
½ TL Salz, etwas Pfeffer
5 g Butter

Zubereitung

① Shiitake putzen und in 1 cm dicke Scheiben schneiden. Shimeji putzen und in kleine Bündel zerteilen, Kräuterseitlinge in etwa 3 cm lange Stücke und dann in Scheiben schneiden. Den Bacon in 7 mm dicke Streifen schneiden.

② Salatöl und Rosmarinzweige in eine Pfanne geben und den Herd auf mittlere Hitze stellen (A). Wenn das Aroma ins Öl übergegangen ist, Bacon kurz anbraten, Shiitake, Shimeji und Kräuterseitlinge dazugeben und alles vermischen. Pfanne abdecken und bei kleiner bis mittlerer Hitze 4 Minuten lang dünsten.

③ Deckel abnehmen, Salz hinzufügen und gut vermischen, dann erneut abdecken und 4–5 Minuten unter zeitweiligem Umrühren dünsten, bis die Flüssigkeit verdampft ist. Wenn der Geschmack zu schwach ist, mit Salz (nicht bei den Zutaten angegeben) und Pfeffer nachwürzen. Butter hinzufügen und unterrühren, Herd abschalten.

COMIC EPISODE

Amazon Lily, die Fraueninsel. Als Ruffy auf diese Insel geschleudert wird, erinnert er sich an das Survivaltraining in seiner Kindheit und verspeist einen Lachpilz. Mit dem aufsteigenden Lachreiz steigt seine Laune enorm und er wird regelrecht high!! (Band 53, Kapitel 514)

YOSAKUS GELIEBTE GEBRATENE SOJASPROSSEN

Sanjis Rezept

Pfannengericht mit Anchovis & Knoblauch

Zutaten für vier Personen

2 Beutel Sojabohnensprossen
2 Knoblauchzehen
6 Anchovis
Olivenöl nach Belieben
Etwas schwarzer Pfeffer, etwas Salz

B

Zubereitung

① Knoblauch fein hacken, Anchovis klein schneiden.

② Olivenöl und Knoblauch in eine Pfanne geben und Herd auf mittlere Hitze stellen. Wenn der Knoblauch leicht gebräunt ist, Sojabohnensprossen hinzufügen und bei starker Hitze anbraten.

③ Wenn die Sprossen glasig geworden sind, Anchovis und schwarzen Pfeffer dazugeben und umrühren (B). Wenn der Geschmack zu schwach ist, mit Salz nachwürzen

COMIC EPISODE

Ruffy und seine Freunde verfolgen Nami zum Arlong Park!! Während Yosaku vor Arlong warnt, machen Ruffy und Sanji sich weit mehr Gedanken um das Essen. Als Sanji nach ihren Wünschen fragt, bestellt auch Yosaku spontan eine große Portion gebratene Sojabohnensprossen!! (Band 8, Kapitel 69)

Lachpilze von der Fraueninsel

Yosakus geliebte gebratene Sojasprossen

FRÜHSOMMERLICHE KARTOFFEL-PAILLES (STROHKARTOFFELN)

Sanjis Rezept

In Öl gebratene schmale Kartoffelstreifen

Zutaten für vier Personen
3 Kartoffeln (450 g)
60 g geriebener Käse
Salatöl nach Belieben, Salz nach Belieben

Zubereitung
① Die in schmale Streifen geschnittenen Kartoffeln in eine Schüssel geben und mit dem Käse vermischen (A).
② Reichlich Öl in der Pfanne erhitzen, ¼ der Kartoffeln aus ① darin ausbreiten und bei schwacher Hitze 7–8 Minuten braten, dann wenden und nochmals 7–8 Minuten braten, bis sie von allen Seiten knusprig sind (B). Darauf achten, die Kartoffeln beim Braten nicht zu oft zu bewegen, weil sie sonst zerfallen. Nach dem Braten mit Küchenkrepp das überschüssige Öl entfernen und salzen.
③ Mit dem Rest der Kartoffeln portionsweise genauso verfahren.

A

B

Beim Braten nicht zu viel bewegen!

COMIC EPISODE

Auf der Flying Lamb nach der Abreise von Longring Longland. Sanji serviert den weiblichen Crewmitgliedern knusprige Pailles. Dieses Gericht, bei dem man die Kartoffeln zu Strohhalmen (pailles) schneidet und dann in Öl frittiert, kam bei der Crew sehr gut an!! (Band 34, Kapitel 322)

GEKOCHTE BOHNEN NACH ART DER EX-PIRATIN SHAKUYAK

Sanjis Rezept

Würziges Chili con Carne

Zutaten für vier Personen
200 g Rindergehacktes
1 Dose ganze Tomaten (400 g)
1 Dose rote Kidneybohnen (432 g)
1 Zwiebel (200 g), 1 Knoblauchzehe
1 EL Olivenöl
½–1 TL Salz
½ El Chilipulver

Zubereitung
① Zwiebel und Knoblauch fein hacken.
② Olivenöl und Knoblauch in einen Topf geben und erhitzen. Sobald der Knoblauch leicht angebräunt ist, das Hackfleisch hinzufügen und bei mittlerer Hitze anbraten. Wenn das Fleisch seine Farbe verändert, Zwiebeln, Salz und Chilipulver dazugeben (A) und 2–3 Minuten anbraten.
③ Die Tomaten zu der Mischung aus ② hinzufügen und sie dabei zerkleinern (B). Sobald es anfängt zu kochen, abschäumen. Wenn die Flüssigkeit verkocht ist, die Kidneybohnen hinzufügen und etwa 10 Minuten kochen lassen. Mit Salz abschmecken.

A

B

COMIC EPISODE
Shakkis Bottakuri-Bar auf dem Sabaody-Archipel. Zwei Crewmitglieder mit schlechten Manieren durchsuchen den Kühlschrank, und Brook macht sich über die gekochten Bohnen her. Shakkis berühmte gekochten Bohnen schmecken so wunderbar nach zu Hause, dass man gar nicht mehr aufhören kann, wenn man sie einmal probiert hat!!
(Band 51, Kapitel 498)

REICHHALTIGE GERICHTE

Schön, dass ihr alle unversehrt seid!

Hamburger, Curryreis, gebratene Nudeln…
Ich bin überzeugt, dass diese herzhaften und nahrhaften Gerichte die Crewmitglieder zufrieden und satt machen, wie hungrig sie auch sein mögen. Ich habe ein paar Geheimtricks eingebaut, die aus hungrigen Wölfen zahme Lämmchen machen.

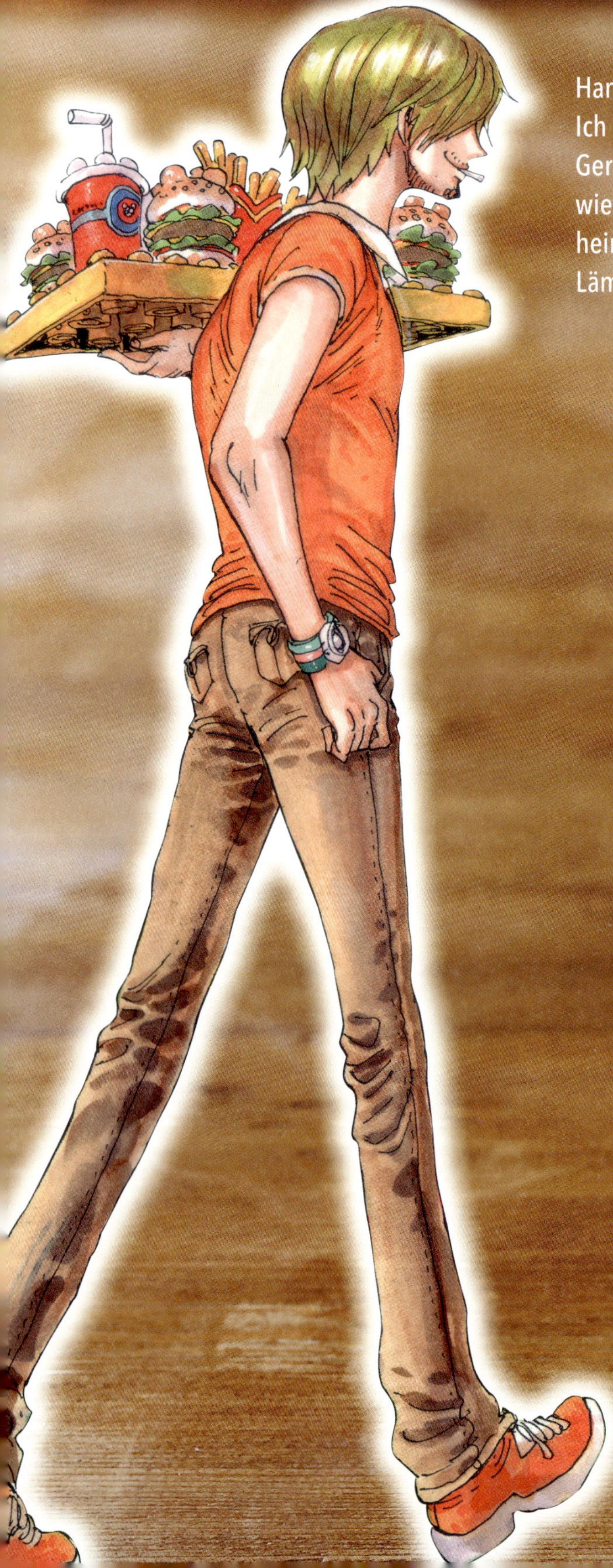

FÜR EINEN ZUFRIEDENEN BAUCH

So, und jetzt gibt's was zu essen!

Team Ruffy in höchster Not!
Monsterburger

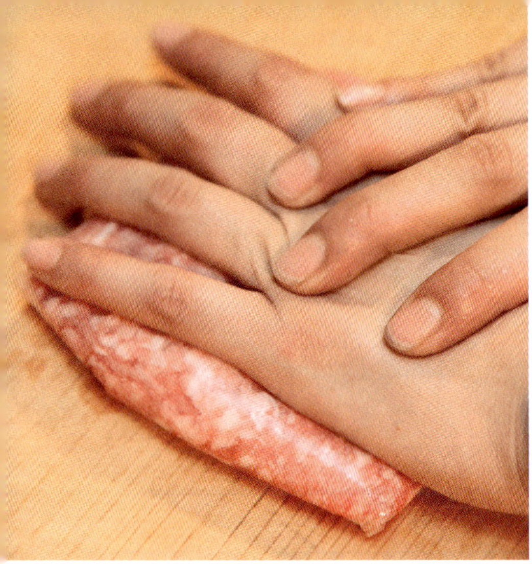

A

B

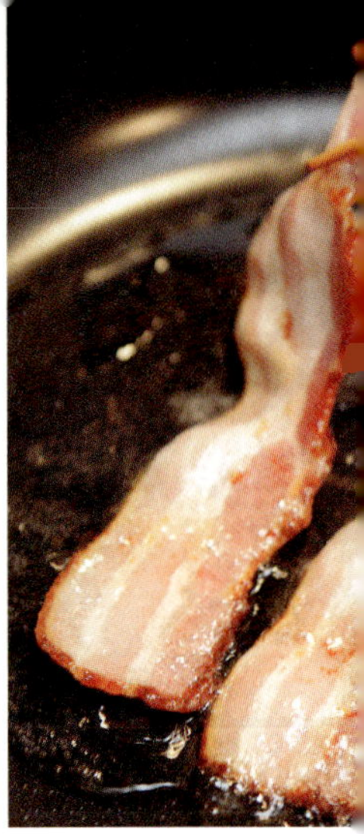

TEAM RUFFY IN HÖCHSTER NOT! MONSTERBURGER

Sanjis Rezept

Funktioniert ohne Ei!!

Megavolumen-Burger

Zutaten für vier Personen

4 Hamburgerbrötchen
600 g gemischtes Hackfleisch, 1 Tomate
¼ rote Zwiebel (50 g), Pickles nach Belieben
Salatöl nach Belieben, etwas Salz
Etwas schwarzer Pfeffer, 4 Scheiben Cheddarkäse
4 Scheiben Bacon, 4 Salatblätter
Mayonnaise, Senf, Ketchup nach Belieben

Zubereitung

① Tomate in 1 cm dicke Scheiben schneiden, die Zwiebel und die Pickles ebenfalls in Scheiben schneiden.
② Das Hackfleisch in vier gleiche Teile aufteilen, diese einzeln in Folie einwickeln und zu einer flachen, 1 cm dicken Scheibe formen (A).
③ Salatöl in einer Pfanne erhitzen, das Fleisch hineinlegen, salzen und pfeffern und bei mittlerer Hitze etwa eineinhalb Minuten lang anbraten. Wenden, wieder salzen und pfeffern und weitere eineinhalb Minuten braten (B). Herd auf schwache Hitze stellen, die Käsescheiben auf das Fleisch legen, die Pfanne mit einem Deckel abdecken, das belegte Hackfleisch etwa eine Minute braten lassen und dann herausnehmen. In derselben Pfanne den Bacon bei mittlerer Hitze unter Wenden anbraten (C).
④ Die Brötchen halbieren und im Toaster leicht anrösten. Mit Mayonnaise und Senf bestreichen (D) und der Reihe nach mit Bacon, Fleisch, Zwiebel, Salat, Tomate und Pickles belegen (E), danach mit Ketchup bestreichen. Zum Schluss die andere Brötchenhälfte auflegen.

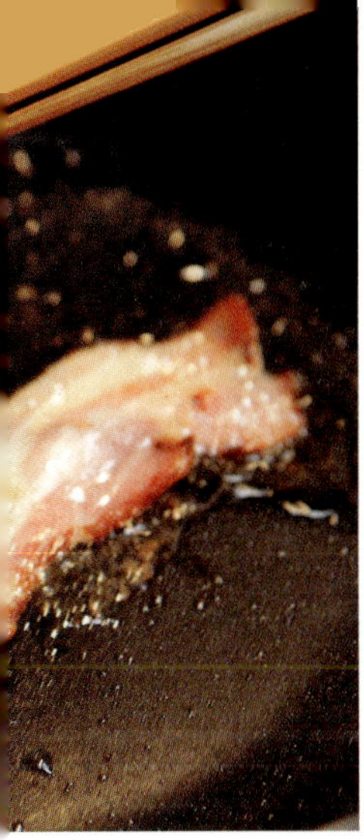

C

D

E

COMIC EPISODE

Die Strohhutbande stellt sich dem »Davy Back Fight«, bei dem um Crewmitglieder gekämpft wird. Die K.-O.-Monster, gegen die Zorro und Sanji antreten müssen, versuchen mit einer Serie von Attacken und unter Zuhilfenahme gefährlicher Waffen Hackfleisch aus ihnen zu machen!
(Band 33, Kapitel 312)

TOM'S WORKERS – COCOLOS CURRYREIS

Sanjis Rezept

Mit vielen Gewürzen! Schmeckt wie in Indien!

Zutaten für vier Personen

<Einlage>
2 Scheiben Hühnerschenkelfleisch, 1 TL Salz
Etwas schwarzer Pfeffer, 2 Kartoffeln (300 g)
1 Karotte (200 g), 20 g Butter
Gekochter Reis für 4 Reisschalen
<Sauce>
2 Knoblauchzehen, 1 Stück Ingwer (10 g)
1 Zwiebel (200 g)
1 Selleriestange, 2 Tomaten
3 EL Salatöl
½ EL Honig, 3 EL proteinarmes Mehl
3 EL Currypulver
700 ml Hühnerbrühe (siehe Seite 95)
2 Lorbeerblätter, 1½ TL Salz
½ EL Garam Masala
Gekochter Reis für 4 Reisschalen
Schalotten und Fukujinzuke* nach Belieben

Zubereitung

① Das Hühnerfleisch in mundgerechte Stücke schneiden, salzen und pfeffern. Kartoffeln und Karotte schälen und grob schneiden, Knoblauch, Ingwer, Zwiebel und Sellerie fein hacken, die Tomaten in grobe Stücke schneiden.

② 1 EL Salatöl in eine Pfanne geben und darin bei mittlerer Hitze Knoblauch und Ingwer anbraten. Wenn es anfängt zu duften, Zwiebel und Sellerie dazugeben und braten, bis sie weich werden. Honig hinzufügen und braten, bis die Mischung etwas Farbe annimmt (A).

③ 2 EL Salatöl zu der Mischung aus ② dazugeben, auf kleine Hitze stellen, Mehl und Currypulver zufügen und etwa 5 Minuten lang braten. Tomaten dazugeben (B) und unter zeitweiligem Rühren 2–3 Minuten lang braten.

④ Wenn die Flüssigkeit aus den Tomaten ausgetreten ist, Hühnerbrühe nach und nach zu der Mischung geben, dabei jedes Mal gut verrühren. Wenn die Sauce anfängt zu kochen, abschäumen, Lorbeerblätter und 1 TL Salz hinzufügen und bei schwacher Hitze köcheln lassen.

⑤ 10 g Butter in einer Pfanne erhitzen und Hühnerfleisch aus ① hineingeben. Bei mittlerer Hitze braten, bis es leicht gebräunt ist, dann zu der Mischung aus ④ geben.

⑥ In der Pfanne aus ⑤ 10 g Butter erhitzen und Kartoffeln und Karotte darin anbraten. Wenn die Oberfläche der Kartoffeln glasig wird, ebenfalls zu den anderen Zutaten hinzugeben und bei schwacher Hitze unter zeitweiligem Rühren 30–40 Minuten kochen, bis die Sauce eine sämige Konsistenz hat. Mit dem übrigen Salz abschmecken, Garam Masala unterrühren und den Herd ausschalten.

⑦ Reis auf Tellern anrichten und das Curry darübergeben. Mit Schalotten und Fukujinzuke garnieren.

A

B

COMIC EPISODE

Tom's Workers ist die Werftfabrik, in der Frankie früher gearbeitet hat. Die Sekretärin Cocolo ist verantwortlich für das leibliche Wohl der Belegschaft, die gemeinsam zu Abend isst. Alle sitzen um das von ihr zubereitete Essen und verbringen ein paar harmonisch-familiäre Augenblicke.
(Band 37, Kapitel 353)

*klein geschnittenes, eingelegtes Gemüse

DAVY BACK FIGHT: BUDEN-BRATNUDELN

A

B

COMIC EPISODE

Im Davy-Back-Fight-Stadion reihen sich die unterschiedlichsten Buden aneinander wie bei einem Straßenfest. Auch Inselherr Tondjit, dessen geliebtes Pferd von Foxys Piratenbande verletzt wurde, genießt das Event. Ruffy verleibt sich eine Portion Bratnudeln ein! (Band 33, Kapitel 306)

Sanjis Rezept

Bratnudeln auf neapolitanische Art

Zutaten für zwei Personen

2 Päckchen Nudeln für Bratnudeln, 100 g Schweinerippenfleisch
3 Kohlblätter (150 g)
¼ Zwiebel (50 g), 2 Paprika
1½ El Salatöl
2–3 EL Worcestersauce
2–3 El Ketchup, Salz nach Belieben
Etwas Pfeffer, Fukujinzuke* nach Belieben

Zubereitung

① Schweinefleisch in 3 cm breite Stücke, Kohlblätter in 1 cm breite Streifen und Zwiebel in 5 mm breite Scheiben schneiden. Paprika längs halbieren, Kerne entfernen und in 8 mm breite Streifen schneiden. Nudeln in eine Schüssel geben und mit heißem Wasser übergießen (A).
② 1 El Salatöl in einer Pfanne erhitzen, das Gemüse darin kurz anbraten und herausnehmen.
③ ½ EL Salatöl in der Pfanne aus ② erhitzen und darin das Fleisch mit einer Fingerspitze Salz braten. Wenn das Fett aus dem Fleisch läuft, die Nudeln dazugeben und scharf anbraten (B).
④ Das Gemüse aus ② ebenfalls wieder in die Pfanne geben, Sauce und Ketchup mischen, hinzufügen und verrühren. Mit Salz und Pfeffer abschmecken. Auf Tellern anrichten und mit Fukujinzuke garnieren.

*klein geschnittenes, eingelegtes Gemüse

Davy Back Fight:
Udon-Nudeln mit frittiertem Tofu

Davy Back Fight: Inarizushi

DAVY BACK FIGHT: INARIZUSHI

Sanjis Rezept

Inarizushi aus süß-scharf gekochtem, frittiertem Tofu gefüllt mit Reis

Zutaten für 20 Stück

10 Scheiben frittierter Tofu
<Reis>
3 Tassen Reis, 1 Stück Konbu (10 cm^2)
1 EL weißer Sesam
Geriebene Yuzuschale nach Belieben
<Essigmischung>
4 ½ EL Reisessig
1 EL Zucker, 1 TL Salz
<Brühe für den Tofu>
2 Tassen Wasser, 4 EL Sake
4 EL Zucker
4 EL Sojasauce
<Essigwasser>
1 Reisschale Wasser mit etwas Essig

Zubereitung

<Gesäuerter Reis>

① Zutaten für die Essigmischung verrühren.

② Den gewaschenen Reis einweichen lassen. Reis, Wasser (nicht in den Zutaten angegeben) und Konbu in den Reiskocher geben und bissfest kochen. Wenn der Reis fertig ist, Konbu herausnehmen, den Reis in einen Reisbottich geben und mit der Essigmischung aus ① übergießen. Den Reis mit schneidenden Bewegungen umrühren und dabei weißen Sesam und geriebene Yuzuschale unterheben (A). Mit einem Fächer Luft zufächeln, dann mit einem feuchten Tuch abdecken und abkühlen lassen.

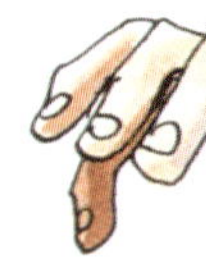

<Frittierter Tofu>

③ Den frittierten Tofu längs halbieren und mit einem Kochstäbchen oder Nudelholz ausrollen (B). Die Stücke in der Mitte taschenförmig öffnen, dann auf ein Bambussieb legen und mit heißem Wasser übergießen. Danach in kaltes Wasser geben, leicht waschen und die Feuchtigkeit herausdrücken.

④ In einem Topf die Zutaten für die Brühe vermischen und bei mittlerer Hitze erwärmen. Wenn die Flüssigkeit kocht, Tofu aus ③ hineinlegen, mit einem Deckel abdecken und bei kleiner Hitze etwa 30 Minuten kochen lassen. Herd ausstellen und den Tofu noch eine Weile ziehen lassen (C).

<Füllen>

⑤ Den gesäuerten Reis in vier Portionen teilen und aus jeder fünf Sushi formen. Dazu die Hände mit Essigwasser befeuchten und den Reis sanft in Form drücken.

⑥ Tofu leicht abtropfen lassen und mit den Sushi befüllen (D).

COMIC EPISODE

Während der ersten Runde des Davy Back Fights, dem Donut-Race, lauert Foxy auf eine Gelegenheit, um zu stören!! Seine Leute locken Ruffy mit verführerisch gebräunten Inarizushi. Der süße Duft des frittierten Tofus lenkt ihn ab. (Band 33, Kapitel 308)

A

B

C

DAVY BACK FIGHT: UDON-NUDELN MIT FRITTIERTEM TOFU

Sanjis Rezept

COMIC EPISODE

Um Ruffys Aufmerksamkeit vom Donut-Race abzulenken, bietet man ihm neben den Inarizushi Udon-Nudeln mit frittiertem Tofu an!! Das Topping ist ein mit Sauce getränktes Stück Tofu!! Der verlockende Duft des Gerichts steigt Ruffy in die Nase!! (Band 33, Kapitel 308)

Du wirst den pikanten Geschmack der Brühe lieben!!!

Diese fantastischen Udon-Nudeln mit selbst gemachter Brühe sind auch etwas für Erwachsene

Zutaten für zwei Personen

Udon-Nudeln für 2 Personen, 2 Stück frittierter Tofu
1/3 Winterzwiebel
<Gemischte Brühe>
1000 ml Wasser, 1 Stück Konbu (10 cm^2)
5 g getrocknete Sardinen, 20 g Bonitoflocken
<Suppe>
700 ml gemischte Brühe, ½ EL Sojasauce
1 EL Mirin, 1 ½ TL Salz
<Brühe für den Tofu>
250 ml gemischte Brühe
1 EL Sojasauce, 1 EL Zucker
Eine Fingerspitze Salz

Zubereitung

<Suppe aus gemischter Brühe>

① Kopf und Darm aus den Sardinen entfernen (E), mit dem Konbu und dem Wasser in einen Topf geben und mindestens 30 Minuten einweichen lassen.

② Herd auf mittlere Stufe stellen, Sardinen und Konbu herausnehmen. Kurz bevor die Flüssigkeit kocht, Bonitoflocken hinzufügen und Herd abstellen. Wenn die Bonitoflocken absinken, Brühe abseihen.

③ Gemischte Brühe aus ②, Sojasauce, Mirin und Salz in einen Topf geben und kurz aufkochen lassen.

<Frittierter Tofu>

④ Tofustücke auf ein Bambussieb legen und mit heißem Wasser übergießen (F). Kurz abkühlen lassen, Flüssigkeit herausdrücken und die Stücke dann halbieren.

⑤ In einem kleinen Topf Zutaten für die Tofubrühe mischen und erhitzen. Wenn die Flüssigkeit kocht, Tofu aus ④ hineingeben und bei schwacher Hitze 15 Minuten kochen lassen. Kurz bevor die Brühe ganz verkocht ist, Herd ausstellen und Tofu noch etwas ziehen lassen.

<Finish>

⑥ Die gekochten Udon-Nudeln in Schüsseln geben, mit der heißen Suppe übergießen und mit dem Tofu und gehackter Winterzwiebel garnieren.

D

E

F

PENNE GORGONZOLA MIT SEEKÖNIG

COMIC EPISODE

Am Abend vor der Abreise von der Fraueninsel Amazon Lily lässt Ruffy es sich bei der Party als Hahn im Korb so richtig schmecken. Da es in der Umgebung der Insel von riesigen Meeresungeheuern, den Seekönigen, nur so wimmelt, ist dieses grandiose Gericht eine Spezialität von Amazon Lily. (Band 53, Kapitel 522)

A

B

Sanjis Rezept

Nahrhafte Pasta mit zwei Käsesorten

Zutaten für zwei Personen

180 g Penne, 2 Scheiben Schinken
100 ml Milch, 100 ml Sahne
50 g Blauschimmelkäse
2–3 EL geriebener Parmesankäse
Etwas schwarzer Pfeffer
Großblättrige Petersilie nach Belieben

Zubereitung

① 1,5 l Wasser aufkochen lassen, 15 g Salz (nicht in den Zutaten angegeben) hinzufügen und die Penne darin eine Minute kürzer kochen als auf der Verpackung angegeben. Den Schinken in 5 mm breite Streifen schneiden.
② Milch und Sahne in eine Pfanne geben. Zwei Minuten bevor die Penne fertig gekocht sind, auf mittlerer Hitze erwärmen. Blauschimmelkäse zerkleinern und untermischen (A). Wenn der Käse zur Hälfte geschmolzen ist, Penne und Schinken dazugeben, eine Minute lang kochen, dann den Parmesankäse hinzufügen und verteilen (B).
③ Zum Schluss mit schwarzem Pfeffer würzen und mit gehackter Petersilie bestreuen.

NUR FÜR DIE LADYS: NIE DA GEWESENES TAKOYAKI

COMIC EPISODE

Auf der Suche nach Anhaltspunkten, wie man zur Himmelsinsel kommt, durchsucht die Bande ein gesunkenes Schiff. Aus einem Haufen Plunder, den sie von dort heraufziehen, taucht ein lebender Oktopus auf, den Sanji umgehend zubereitet. Für die Männer gibt es normale Takoyaki, die Portionen für die Ladys würzt er mit extra viel Liebe. (Band 24, Kapitel 222)

Sanjis Rezept

Bekömmliches Takoyaki mit frittiertem Tofu anstelle frittierter Panade!

Zutaten für 20–30 Stück

100 g gekochte Oktopusarme
140 g proteinarmes Mehl, 10 g Speisestärke
15 g eingelegter roter Ingwer, 1 Stück frittierter Tofu
2 Stangen Frühlingszwiebel, 500 ml Wasser
1 Ei, 1 TL Bonitopulver
½ TL Salzkonbu (gehackt)
½ TL Salz, Salatöl nach Belieben
Worcestersauce, Ponzu, grüner Seetang, Bonitoflocken, Frühlingszwiebel nach Belieben
Wenn kein Salzkonbu und Bonitopulver zur Hand sind, das Wasser durch 500 ml Grundbrühe (Brühe aus Konbu und Bonito) ersetzen.

A

B

Zubereitung

① Mehl und Speisestärke mischen und sieben. Gekochte Oktopusarme grob in etwa 1 cm große Stücke schneiden, eingelegten Ingwer fein hacken. Den frittierten Tofu mit Küchenkrepp von überschüssigem Öl befreien und grob hacken, die Frühlingszwiebeln klein schneiden.
② Wasser und Ei verquirlen, Salzkonbu, Bonitopulver und Salz hinzufügen und gut verrühren. Mehl-Stärke-Mischung dazugeben und rühren, bis es keine Klümpchen mehr gibt.
③ Ein Takoyaki-Blech mit Salatöl bestreichen und Masse aus ② allmählich auf das Blech fließen lassen. In jedes Loch ein Stück Oktopus legen und das Ganze gleichmäßig mit Ingwer, frittiertem Tofu und Frühlingszwiebel bestreuen (A).
④ Wenn der Teig am Rand des Blechs fest wird, die einzelnen Bällchen mit einer Teignadel um 90° wenden (B).
⑤ Nach Geschmack mit Worcestersauce, Ponzu, grünem Seetang, Bonitoflocken und Frühlingszwiebel garniert genießen.

LEICHTE

DESSERTS

Eine Kreation für die Ladys!

Wenn man sich schön satt gegessen hat, geht doch nichts über ein Dessert, oder?! Hier ist eine Auswahl von Rezepten, von einfachen bis zu ganz besonders raffinierten Speisen, die die Herzen der Ladys im Nu zum Schmelzen bringen. Eigne dir die Zubereitung an, und dein Leben wird zweifellos rosa sein!!

Der Mocktown-Kirschkuchen

DER MOCKTOWN-KIRSCHKUCHEN

Sanjis Rezept

Selbst gebackene Tarte mit Früchten

Zutaten für einen Kuchen von 21 cm Durchmesser

<Teig>
60 g proteinarmes Mehl, 60 g kräftiges Mehl
80 g gesalzene Butter, 10 g Milch
½ Ei, 15 g Zucker
Trennmehl nach Belieben

<Vanillecreme>
2 Eigelb, 65 g Zucker
10 g Maisstärke, 10 g proteinarmes Mehl
230 ml Milch, 2 EL Zitronensaft
20 g gesalzene Butter
18 Süßkirschen

COMIC EPISODE

Die Suche nach Informationen über die Himmelsinsel führt Ruffy und seine Freunde in eine Kneipe in Mocktown. Ruffy isst dort dasselbe wie der Mann, der neben ihm sitzt, doch ihre Kommentare fallen komplett gegensätzlich aus! Entsteht eine seltsame Rivalität aufgrund ihres unterschiedlichen Geschmacksempfindens?! (Band 24, Kapitel 223)

A

B

Zubereitung

① Den Teig zubereiten. Proteinarmes und kräftiges Mehl mischen und sieben, Butter in 1 cm große Würfel schneiden und beides im Kühlschrank ruhen lassen. Milch, Ei und Zucker in eine Schüssel geben und gut verrühren, dann ebenfalls im Kühlschrank kalt stellen.

② Die Butter zu dem Mehl geben und mit einem Schaber zerkleinern (A). Eimischung aus ① dazugeben, mit einem Spatel o. Ä. zu einem Teig verarbeiten, dann mit Backpapier oder Folie umwickeln und im Kühlschrank 30 Minuten bis eine Stunde kalt stellen.

③ Teig auf Backpapier legen, mit einem weiteren Blatt bedecken. Dann mit einem Nudelholz zu einem Kreis ausrollen, der etwas größer ist als die Kuchenform (B).

④ Den Teig in die Form legen und gut andrücken, dann mit dem Rücken einer mit Trennmehl bestäubten Gabel den Rand rundum einkerben (C). Überstehenden Teig abschneiden und an etwa zehn Stellen mit der Gabel in den Boden stechen. Mit Backpapier bedecken und mit Gewichten beschweren (D).

⑤ Im auf 200° C erhitzten Backofen 15 Minuten blindbacken, dann die Gewichte entfernen, Hitze auf 180° C reduzieren und weitere 15 Minuten backen. Auf einem Kuchengitter abkühlen lassen.

⑥ Eigelbe, Zucker, Maisstärke, proteinarmes Mehl und Milch in einen Topf geben und gut verrühren. Herd einschalten und umrühren, bis die Flüssigkeit eine sämige Konsistenz hat (E). Vom Herd nehmen, Butter und Zitronensaft hinzufügen, cremig rühren. Wenn die Creme etwas abgekühlt ist, auf den Teigboden gießen.

⑦ Die Stiele von den Kirschen entfernen, dann halbieren und die Kerne herausnehmen. Die Vanillecreme damit belegen und die Tarte im Kühlschrank kalt stellen.

C

D

E

CINDRYLEINS PUDDING

Sanjis Rezept

Schlichter Pudding aus wenigen Zutaten

Zutaten für fünf Puddingschalen zu 100 ml
3 Eier, 6 EL Zucker, 390 ml Milch
1/3 Vanilleschote (wahlweise auch Vanilleessenz)
<Karamellsauce>
2 EL Zucker, 2 EL Wasser

Zubereitung
① Karamellsauce zubereiten. Zucker und 1 EL Wasser in eine Pfanne geben und bei mittlerer Hitze erwärmen, dabei die Pfanne hin und her wiegen. Wenn der Zucker die Farbe von Karamell annimmt (A), 1 EL Wasser hinzufügen. Karamellsauce in die Puddingschalen gießen und im Kühlschrank kalt stellen.
② Vanilleschote mit einem Messer aufschlitzen und die Kerne aus der Schote lösen (B). Milch und Vanilleschote in einen kleinen Topf geben und auf 50° C erwärmen.
③ Eier in eine Schüssel schlagen und verquirlen, Zucker dazugeben und unterrühren. Vanillemilch aus ② dazugeben, verrühren und dann durch ein Teesieb oder Ähnliches abseihen.
④ Wenn die Karamellsauce aus ① fest geworden ist, Eimasse aus ③ dazugießen. Mit einem Löffel Schaum von der Oberfläche entfernen, dann mit Alufolie abdecken.
⑤ In einen vorgewärmten Dämpfer stellen, zwischen Deckel und Dämpfer Kochstäbchen klemmen, damit ein Spalt entsteht (C), und bei schwacher Hitze 15–20 Minuten dämpfen. Mit einem Bambusspieß prüfen, ob der Pudding fest geworden ist. Kurz abkühlen lassen und dann im Kühlschrank kalt stellen.

COMIC EPISODE

Nami, Lysop und Chopper besuchen Dr. Hogbacks Villa. Seine Dienerin Cindry hegt aufgrund einer unglücklichen Vergangenheit Abscheu vor Tellern. Selbst für einen weichen Pudding benutzt sie keinen Teller, sondern stellt ihn direkt auf den Tisch!
(Band 46, Kapitel 446)

A

B

C

Riskiere dein Leben für die Karamellsauce!!

GAN FORTS KÜRBISSAFT

Sanjis Rezept

Kürbis au Lait mit viel Milch

Zutaten für drei bis vier Tassen
¼ Kürbis (netto 300 g)
300 ml Wasser, 2 EL Honig
2 EL Zucker (nach Geschmack)
Milch nach Belieben

COMIC EPISODE
Weil Gott Enel Conis nach dem Leben trachtet, versteckt Gan Fort sie in seinem Haus und serviert ihr Saft aus einem Kürbis, den er auf seinem Feld angebaut hat. Tatsächlich hat es ursprünglich keine Kürbisse auf der Himmelsinsel geben. Das Gemüse kam zusammen mit „Vearth" dorthin.
(Band 27, Kapitel 247)

Zubereitung
① Kürbis schälen und entkernen, dann in 1 cm große Stücke schneiden. In einen kleinen Topf geben, Wasser zufügen und bedeckt bei mittlerer Hitze kochen. Wenn das Kürbisfleisch weich ist, Herd abstellen und abkühlen lassen (A).
② Kürbis aus ① mit der Flüssigkeit in den Mixer geben, Honig und Zucker hinzufügen, pürieren und im Kühlschrank kalt stellen.
③ Kürbissaft aus ②in Gläser füllen, langsam Milch dazugießen und beim Trinken verrühren. Schmeckt auch als Heißgetränk.

RUFFYS UND ZORROS GELIEBTE BROTRINDEN

Sanjis Rezept

A

B

Auf schicke westliche Art frittiertes Brot

Zutaten für eine leicht zuzubereitende Menge
Rinde von sechs Scheiben Toastbrot
Zimtzucker nach Belieben, Kondensmilch nach Belieben
Ausbacköl nach Belieben

Zubereitung
① Brotrinden in auf 170° C erhitztes Öl geben und etwa 1,5 Minuten braten, bis sie leicht gebräunt sind (B). Auf ein mit einem Gitter und Küchenpapier belegtes Backblech legen und abtropfen lassen.
② Brotrinden nach Geschmack mit Zimtzucker bestreuen und mit Kondensmilch genießen.

COMIC EPISODE
Die Strohhutbande ist aus dem Weißen Meer in 10.000 Metern Höhe wieder ins Blaumeer zurückgekehrt. Während sie in Erinnerungen an die Himmelsinsel schwelgen, bereitet Sanji in der Kombüse Sandwiches vor. Aus den abgeschnittenen Brotrinden macht er einen Snack für Zorro.
(Band 32, Kapitel 303)

Gan Forts Kürbissaft
Ruffys und Zorros geliebte Brotrinden

GLÜCKSSPIEL-EXPLOSIONSÄPFEL

Sanjis Rezept

Bratäpfel aus dem Ofengrill

Zutaten für zwei Personen
2 Äpfel
1–2 Zimtstangen
2 TL Zitronensaft
4 Kardamomsamen
20 g Butter
4 TL Zucker

Zubereitung
① Äpfel halbieren und mit einem Löffel das Kerngehäuse und die Kerne herausholen (A). Zimtstangen zu 3 cm langen Stücken zerbrechen und mit Wasser benetzen, damit sie nicht zu stark rösten.
② Den Apfel mit Zitronensaft, Kardamom und Butter befüllen und die Zimtstange hineinstecken.
③ Oberfläche gleichmäßig mit Zucker bestreuen, Apfel bis zur Schnittfläche in Alufolie einhüllen (B) und im Ofen 20 Minuten lang grillen.

A

B

COMIC EPISODE

Ruffy beißt herzhaft in einen Apfel, der ihm von einem fremden Mann angeboten wird. Im selben Moment gibt es in der Nähe eine Explosion. Tatsächlich sind in den Äpfeln Bomben enthalten, die explodieren, wenn man hineinbeißt. Ruffy ist mit dem Leben davongekommen, weil er glücklicherweise einen echten Apfel erwischt hat.
(Band 24, Kapitel 223)

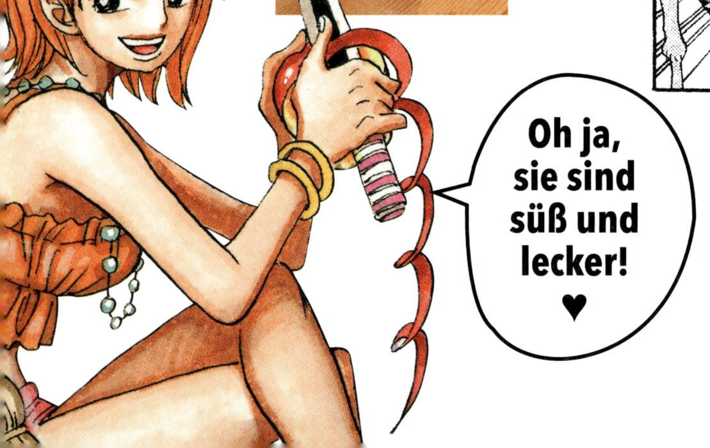

ENTSCHULDIGUNGS-FRÜCHTE-MACEDONIA

Sanjis Rezept

COMIC EPISODE

Auf der Suche nach einem Koch landen Ruffy und seine Freunde auf dem schwimmenden Restaurant Baratié. Dort lernt Ruffy Sanji kennen. Obwohl er sich gerade noch mit seinem Chef gestritten hat, serviert Schürzenjäger Sanji Nami exklusiv ein Dessert als Entschuldigung für den Tumult.
(Band 6, Kapitel 46)

Fruchtpunsch für Erwachsene

Zutaten für vier Personen
1 Orange
¼ Ananas (netto 200 g)
6 Erdbeeren, 1 Banane
1–2 EL Zitronensaft
30 ml Likör (z.B. Kirschlikör)
2 EL Zucker
Pfefferminze nach Belieben

Zubereitung
① Orange schälen und mit dem Messer das Fruchtfleisch aus den Schnitzen schneiden (A). Saft aus dem zurückgebliebenen Fruchtfleisch auspressen und beiseitestellen. Ananas schälen, den harten Mittelteil herausnehmen und das Fruchtfleisch in mundgerechte Stücke schneiden. Bei den Erdbeeren die Kelchblätter entfernen und sie dann längs halbieren.
② Obst aus ① in eine Schüssel geben, den ausgepressten Orangensaft, Zitronensaft, Likör und Zucker hinzufügen und kurz durchmischen, dann im Kühlschrank 1–2 Stunden kalt stellen.
③ Kurz vor dem Servieren die Banane in 1 cm dicke Scheiben schneiden, unter den Obstsalat aus ② mischen und in einer Schale anrichten. Mit Pfefferminzblättern garnieren.

A

ANTONIOS GRAND-LINE-MANJU (GRAMAN)

Sanjis Rezept

Gedämpfte Brötchen
mit Maronen und Azukibohnen

Zutaten für 8 Papierbackförmchen von 7,5 cm Durchmesser und 3 cm Höhe

120 g proteinarmes Mehl
1 ½ TL Backpulver, 60 g Zucker
1 EL Salatöl
1 Ei
120 ml Milch (vermischt mit dem Ei)
160 g (handelsübliches) Tsubuan-Bohnenmus
4 süß eingekochte Maronen

Zubereitung

① Die Maronen halbieren. Ei mit so viel Milch mischen, dass es zusammen 120 ml ergibt, Zucker und Salatöl hinzugeben und gut verrühren.
② Mehl und Backpulver sieben, zu der Eimischung aus ① hinzufügen und mit dem Schneebesen zu einem glatten Teig rühren (A).
③ Puddingformen mit Papierbackförmchen auslegen, mit einem Löffel zur Hälfte mit Teig füllen und Tsubuan gleichmäßig darauf verteilen (B). Den übrigen Teig ebenfalls auf die Formen verteilen und je eine halbe Marone darauflegen.
④ Die Formen in den vorgeheizten Dämpfer stellen, Deckel auflegen und bei starker Hitze etwa 10 Minuten dämpfen. Garprobe mit einer Teignadel machen. Wenn kein Teig daran haftet, sind die Manju fertig.

A

B

COMIC EPISODE

Die Freunde ignorieren Brooks Skull Joke und spazieren über das Sabaody-Archipel. Angelockt von einem leckeren Duft zieht es Ruffy zu einer Bude mit Souvenirs. Er macht sich beherzt über die Probierhäppchen her und bringt den Ladenbesitzer in Verlegenheit. (Band 51, Kapitel 497)

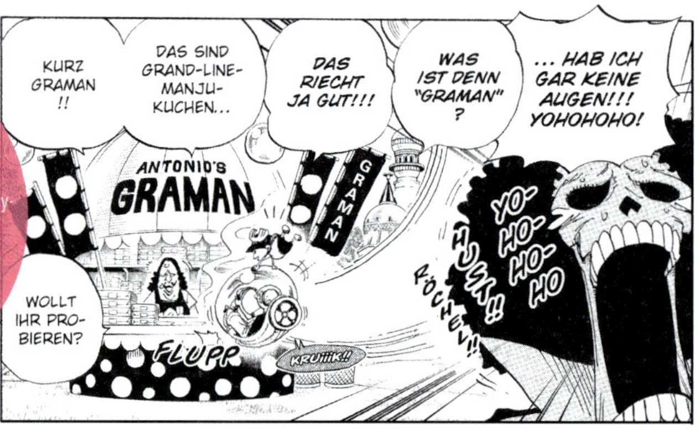

Sanji's Eye – 1

Zum Schluss verrate ich dir noch ein spezielles Geheimrezept und plaudere aus dem Nähkästchen meiner Erfahrungen, die durch das Ausprobieren unzähliger Kreationen entstanden sind. Lies dir alles sorgfältig durch.

ODA-SENSEIS GELIEBTE THUNFISCH-REISBÄLLCHEN

Sanjis Rezept

Etwas aufwendigere Geheimschatz-Reisbällchen

Zutaten für sechs Bällchen

2 Tassen gekochter Reis
1 Dose Thunfisch in Öl (80 g)
1 EL Miso
1/3 TL Zucker
5 cm Winterzwiebel
Nori nach Belieben
Salz nach Belieben

Zubereitung

① Winterzwiebel fein hacken. Thunfisch leicht abtropfen lassen, in einer Pfanne auf mittlerer Hitze anbraten, Miso und Zucker hinzufügen und verrühren. Die Winterzwiebel dazugeben und kurz untermischen, dann den Herd abschalten (A).
② Hände mit Wasser anfeuchten und mit Salz bestreuen. Reis mit der Mischung aus ① füllen (B), zu Reisbällchen formen und mit auf eine passende Größe geschnittenem Nori umwickeln.

A

B

So sieht es von innen aus!

Sanji's Eye – 2

PAPARAZZIFOTOS VOM ESSEN AM ONE PIECE-ARBEITSPLATZ

one

four

three

two

Pizzaparty mit vielen Leuten
Wow, die dicke Käseschicht sieht wirklich extrem lecker aus! Und mit Fried Chicken als Nebengericht ist es eine so reichhaltige Mahlzeit, dass die Männer bestimmt zufrieden sind.

Superscharfe Ramennudeln aus dem Chinarestaurant
Ich hab gar nichts dagegen, wenn ein Essen scharf ist, aber vom Aussehen her würde ich sagen, wenn man das hier isst, spuckt man wahrscheinlich Feuer. Es kann aber auch gut sein, dass man von diesem Geschmack nicht genug bekommt und am Ende die ganze Suppe austrinkt. Die Nudeln sind eine dickere Sorte und haben bestimmt eine tolle Konsistenz.

Große Paella-Teller in drei Variationen
Hm? Vorne eine Paella mit kleinen Miesmuscheln und Tintenfischtinte, hinten mit Meeresfrüchten und Schinken? Bei so vielen Variationen kann man richtig reinhauen, ohne es leid zu werden, und da Reisgerichte sehr sättigend sind, sind sie gut geeignet als Essen am Arbeitsplatz.

Curryreis mit verschiedenen Toppings
Curryreis mit Schnitzel ist schon ein ziemlich reichhaltiges Gericht, aber so wie hier mit Käse und Spinat als Topping wird ein echt prächtiges Menü daraus. Tatsächlich ist es das Privileg von Curryreis, dass man in einem Gericht verschiedenste Zutaten genießen kann.

Pasta-Party mit vielen Assistenten
Mein Lieblingsessen sind scharfe Pastas mit Meeresfrüchten, Oda scheint auf Pasta mit Lachseiern und Spaghetti alle vongole zu stehen. Aber das bisschen Tandoori-Chicken würde bei unserer Crew nicht ausreichen.

Lieblingsessen: Cup-Nudeln!
Bei Cup-Nudeln ist es ja so, dass man aus unerfindlichen Gründen von Zeit zu Zeit plötzlich Heißhunger darauf bekommt. Weil sie obendrein so unkompliziert sind, dürfen sie am Arbeitsplatz, wo jeder immer schwer beschäftigt ist, nicht fehlen. Aber wenn ich das als Koch mal sagen darf: Esst bitte auch Gemüse!

Yakiniku-Lunchbox vom Menü-Restaurant
Saftiges Yakiniku mit einer augenscheinlich herzhaften Sauce. Dazu frittierte Garnelen, Kroketten, frittiertes Hühnchen und obendrein der für Menü-Restaurants typische Kartoffelsalat – eine wirklich gehaltvolle Mahlzeit. Ein würdiger Vertreter einer Stamina-Lunchbox.

Essen für Männer ist immer sehr reichhaltig!

Sanji's Eye–3

AUSSEHEN UND NÄHRWERT TOP!!

Bekömmliche dicke Reissuppe mit Miso-Geschmack
Ein großartiges heißes Gericht, wenn man sich erkältet oder den Magen verdorben hat. Wärmt den Körper bestimmt sofort auf. Und mit Tofu und Ei als Einlagen muss man sich um den Nährwert auch keine Sorgen machen.

Hasenbadewanne-Curryreis
Oh, ich hatte keine Ahnung, dass man auch Curryreis so lustig anrichten kann! Das Häschen scheint sich in seinem Currybad auch sehr wohlzufühlen… Fast zu schade, um es zu essen!

Tajine mit viel Gemüse und Hähnchenbrustfleisch
Ein gesundes Eintopfgericht. Weil es Blattgemüse, Wurzelgemüse, Kürbis und sogar Pilze enthält, kann man damit den üblichen Gemüsemangel auf einen Schlag beseitigen, schätze ich. Die Brühe besteht aus Sojasauce? Super, denn dann ist es wahrscheinlich auch ziemlich kalorienarm!

Bernsteinmakrele mit Rettich & Fleisch-Kartoffel-Eintopf
Sowohl die Bernsteinmakrele mit Rettich als auch der Fleisch-Kartoffel-Eintopf haben beim Einkochen eine schöne Farbe bekommen. Be beiden Gerichten passiert es leicht, dass sie verkochen, aber hier sin Farbe und Form sehr schön! Ich nehme an, dass man im Handumdrehen alles aufgegessen hat.

PAPARAZZIFOTOS VOM ESSEN BEI DER FAMILIE ODA

Lunchbox mit gekochten Beilagen und Odas geliebten Bambussprossen

Bekommt er diese Lunchbox zur Arbeit gebracht? Sie enthält reichlich Fleisch und Bambussprossen, Odas Lieblingsspeisen. Das Auge isst mit, darauf achte ich auch immer sehr, wenn ich für die Ladys koche. Bei dieser Lunchbox sind sowohl die Farben als auch die Balance der Zutaten extrem gelungen.

Aktive Nagashi-Somen*

Was ist das denn? Sieht nach einem sehr unterhaltsamen Esstisch aus! Wenn unser Käpt'n diese Vorrichtung sehen würde, würde er sie garantiert sofort haben wollen. Und es gibt zwei Sorten Sauce, eine kalt, eine heiß, mit jeder Menge Beilagen? Da wird jemand aber beneidenswert verwöhnt!

Sandwich mit Sesambrötchen

Frisch gebackene Sesambrötchen, dazu mit Rohkost, Schinken und Früchten. Das würde ich auch Namilein und Robinchen servieren. Nach einer Reihe von schweren Essen ist so eine leichte Mahlzeit genau das Richtige.

Authentisch! Hühnerspieße vom Holzkohlegrill

Hühnerspieße auf Holzkohle gegrillt sind etwas für Kenner! Obendrein werden sie noch mit dem Brenner geröstet, Hut ab! Es gibt Fleisch-Porree, Fleischbällchen und sogar Odas geliebte Bürzel am Spieß! Da fällt dem Profigrillmeister aber die Klappe runter!

*Dünne Nudeln werden auf eine Rutschbahn gelegt und rutschen durch fließendes Wasser nach unten.

Sanji's Eye – 4

ZUBEREITUNG DER MEISTERKOCH-GRUNDBRÜHE

BRÜHE AUS KONBU UND BONITO

Das Inosin aus dem Bonito und das Glutamin aus dem Konbu ergeben zusammen einen starken, herzhaften Geschmack. In einem luftdichten Gefäß hält sich die Brühe gekühlt zwei Tage, eingefroren eine Woche.

Zutaten für ca. 1000 ml
1200 ml Wasser, 1 Stück Konbu (10 cm^2)
20 g Bonitoflocken

Zubereitung
① Konbu mindestens 30 Minuten in Wasser einweichen lassen (1).
② Auf mittlerer Hitze erwärmen und kurz vor dem Kochen herausnehmen (2).
③ Die Bonitoflocken hineingeben (3) und Herd ausschalten. Wenn die Flocken abgesunken sind, Brühe abseihen.

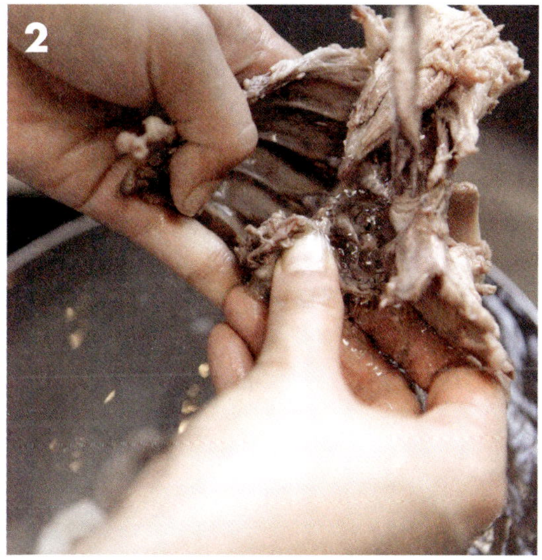

HÜHNERBRÜHE

Bei der Zubereitung von Curryreis oder Potaufeu intensiviert sie den Geschmack. Hält im Kühlschrank zwei Tage, eingefroren eine Woche.

Zutaten für ca. 2600 ml

Geflügelkarkasse von zwei Hühnern, 3000 ml Wasser
150 g Gemüseabfälle (Grün von Frühlingszwiebeln, Karottenschalen, Ingwer etc.)

Zubereitung

① Geflügelkarkasse waschen und Hälse in drei gleich große Stücke zerteilen (1).
② Karkasse aus ① in kochendes Wasser geben (nicht in den Zutaten angegeben). Wenn die Oberfläche weißlich wird, mit kaltem Wasser abschrecken und Blut und Verschmutzungen abwaschen (2).
③ Wasser, Geflügelkarkasse und Gemüse in einen Topf geben und auf mittlerer Hitze erwärmen. Wenn das Wasser kocht, abschäumen (3) und auf schwacher Hitze 40–60 Minuten kochen (4). Wenn die Brühe den Geschmack der Zutaten angenommen hat, durch ein mit einem Tuch ausgelegtes Sieb abseihen (5).

Redaktionelle Leitung: Nami Iijima
Geboren in Tokyo. Food-Stylistin. Hauptarbeitsbereich Werbung, zum Beispiel TV-Spots. Durch den Film »Kamome Diner« mittlerweile auch als Food-Stylistin für Filme bekannt.
Bücher: »LIFE Nandemonai hi, omedeto! No gohan.« (Bände 1, 2, 3) (Tokyo Itoi Shigesato Jimusho), »Iijima-fu« (Magazin House), »Cinema Shokudo« (Asahi Shinbun Shuppan) und viele andere.

Carlsen Manga! News – jeden Monat neu per E-Mail!
www.carlsenmanga.de
www.carlsen.de

CARLSEN MANGA
Deutsche Ausgabe/German Edition

Aus dem Japanischen von Antje Bockel
ONE PIECE PIRATE RECIPES UMI NO ICHIRYU RYORININ SANJI NO MANPUKU GOHAN

First published in Japan in 2012 by SHUEISHA Inc., Tokyo.
German translation rights in Germany, Austria, Luxembourg and German-speaking Switzerland arranged by SHUEISHA Inc. through VME PLB SAS, France.
Redaktion: Philipp Nakata
Textbearbeitung: Steffen Haubner
Lettering: Ronny Willisch
Herstellung: Tobias Hametner

ISBN: 978-3-551-75180-5